ସ୍ୱରୋଦୟ

ସ୍ୱରୋଦୟ

ବଂଶୀଧର ଷଡ଼ଙ୍ଗୀ

BLACK EAGLE BOOKS
2020

 BLACK EAGLE BOOKS

USA address:
7464 Wisdom Lane
Dublin, OH 43016

India address:
E/312, Trident Galaxy, Kalinga Nagar,
Bhubaneswar-751003, Odisha, India

E-mail: info@blackeaglebooks.org
Website: www.blackeaglebooks.org

First International Edition Published by
BLACK EAGLE BOOKS, 2020

SWARODAYA
by **Banshidhar Sarangi**

Copyright © **Smt. Kabita Sarangi**

All rights reserved. No part of this publication may be reproduced, stored in a retrieval system, or transmitted, in any form or by any means, electronic, mechanical, photocopying, recording or otherwise without the prior permission of the publisher.

Cover & Interior Design: Ezy's Publication

ISBN- 978-1-64560-068-8 (Paperback)

Printed in United States of America

ଧନ୍ୟବାଦ

ପୃଥିବୀର ସମସ୍ତ କୋଣ ଅନୁକୋଣରେ ଥିବା ସମସ୍ତ ଓଡ଼ିଆ ପାଠକ ପାଠିକାଙ୍କ ପାଇଁ କେନ୍ଦ୍ର ସାହିତ୍ୟ ଏକାଡେମୀ ପୁରସ୍କାର (୨୦୦୬) ପ୍ରାପ୍ତ ମୋ କବିତା ସଂକଳନ 'ସ୍ୱରୋଦୟ'ର ପୁନଃ ପ୍ରକାଶ 'ବ୍ଲାକ ଇଗଲ ବୁକ୍ସ' ପ୍ରକାଶନ ସଂସ୍ଥା ଦ୍ୱାରା କରାଇଥିବାରୁ ଶ୍ରୀ ସତ୍ୟ ପଟ୍ଟନାୟକ ଓ ଏହାର ସମସ୍ତ କର୍ମକର୍ତ୍ତାମାନଙ୍କୁ ଧନ୍ୟବାଦ ଜଣାଉଛି ।

ବଂଶୀଧର ଷଡ଼ଙ୍ଗୀ

କୃତଜ୍ଞତା

ଏ ସଂକଳନରେ ପତ୍ରସ୍ଥ କବିତାଗୁଡ଼ିକ ଝଙ୍କାର, ପ୍ରତିବେଶୀ, ଉଦ୍‌ଭାସ, କଥାକଥା: କବିତା କବିତା, ଅପୂର୍ବା, କାବ୍ୟଲୋକ, ବର୍ତ୍ତିକା, ସୁବର୍ଣ୍ଣରେଖା, ମହାର୍ଣ୍ଣବ, ଆଧୁନିକ, ଅମୃତାୟନ, ଝର୍କା, ପଶ୍ଚିମା, ଶ୍ରୀଜଗନ୍ନାଥ, ଗୋକର୍ଣ୍ଣିକା ଓ ଚୟନିକା ଆଦି ପତ୍ର ପତ୍ରିକାରେ ବିଭିନ୍ନ ସମୟରେ ପ୍ରକାଶ କରିଥିବାରୁ ସମ୍ପୃକ୍ତ ସମ୍ପାଦକମାନଙ୍କୁ କୃତଜ୍ଞତା ଜଣାଉଛି ।

ସ୍ୱର ଅନ୍ୱେଷଣ ଓ କବି ବଂଶୀଧର

ନୂଆ ବହିଟିର ନାଁ ଖୋଜା ଚାଲିଥିଲା ଖୋଜା ଚାଲିଥିଲା ମାନେ ମୁଁ ମୋ ଭିତରେ ଶବ୍ଦକୁ ଶବ୍ଦ ଯୋଡ଼ି ଭାବନାଟିଏ ପ୍ରସ୍ତୁତ କରୁଥିଲି । ଭାବୁଥିଲି କିଛି ଗୋଟେ ଭଲ ନାଁର ଅବତାରଣା କରିବି । ଯଦିଓ ନିଶ୍ଚିତ ଥିଲି ଯେ ଏସବୁର ଆବଶ୍ୟକତା ହିଁ ପଡ଼ିବନି । ବହିଟିଏର ନାଁ ଯେମିତି ସ୍ୱତଃ ପ୍ରସ୍ତୁତ ଥାଏ ଆଗରୁ । ଜିଭ ଉପରକୁ ଆସିଗଲେ ହିଁ ଚିହ୍ନା ଚିହ୍ନା ଲାଗେ ଆଉ କାଗଜ କଲମର ସଂସ୍ପର୍ଶରେ ନାଁର ସମ୍ପର୍କ ଯୋଡ଼ି ହୋଇ ସାରିଥାଏ କବିତାମାନଙ୍କ ସହ । ଏମିତି କାହା କବିତା ସଂକଳନ ସହ ଘଟେ ନା ନାହିଁ ଜାଣିନି, ତେବେ ମୋ ନନାଙ୍କ କ୍ଷେତ୍ରରେ ସବୁବେଳେ ଏହା ହିଁ ହୁଏ । ସଂକଳନର ନାଁ, ଆଗରୁ ଯେମିତି ସ୍ୱର ମଣ୍ଡଳରେ ପକ୍ଷ ବିସ୍ତାରି ବୁଲୁଥାଏ । ତାକୁ ଚିହ୍ନିବା ପରେ ସେ ଆପଣାଛାଏଁ ନିଜର ହୋଇଯାଏ । ନନାଙ୍କୁ କେବଳ ଏତିକି କହିଥିଲି ଯେ ସଂକଳନଟିର ନାଁ ଯେମିତି 'ସ'ରୁ ଆରମ୍ଭ ହୁଏ । ତା' ପରଦିନ ସକାଳେ ନନା କହିଥିଲେ 'ସ୍ୱରୋଦୟ' । ମୁଁ 'ସ୍ୱରୋଦୟ'ର ଅନୁଭବକୁ ସାକ୍ଷାତ କରୁ କରୁ ଅନ୍ୟମନସ୍କ କିବା ସ୍ୱରମନସ୍କ ହୋଇଯାଇଥିଲି, ଯେତେବେଳେ ବି ଉଚ୍ଚାରଣ କରୁଥିଲି 'ସ୍ୱର' ଓ 'ଉଦୟ' ଶବ୍ଦ ଦ୍ୱୟର ସଂଯୋଗ ଶବ୍ଦକୁ ।

କେବଳ ଅର୍ଥ ନୁହେଁ, ଶବ୍ଦ ଯେତେବେଳେ ସେଇ ଅର୍ଥ

ବାଦେ ଆଉ ଭିନେ ଭିନେ ଅର୍ଥ ଯୋଗାଡ଼େ, ନିଜକୁ ବୁଝେଇବା ପାଇଁ, ସେଇଠି ହିଁ କବିତାଟିଏ ଜନ୍ମ ନିଏ ବୋଲି ଭାବେ। କବିତା ମାନେ ସାର୍ଥକ କବିତାଟିଏ । ଶବ୍ଦର ଅର୍ଥ ଶବ୍ଦ ବୁଝେଇ ଦେବାପରେ ଆଉ କିଛି ନଥାଏ; ତ ଆରମ୍ଭ ହୁଏ ବିରକ୍ତି, ଗତାନୁଗତିକତା। ଶବ୍ଦର ଅର୍ଥ ଶବ୍ଦ ବାଦେ ଆଉ ଅନ୍ୟକିଛି, ଆଉ ଅନେକ କିଛି- ଏ ରହସ୍ୟର ସନ୍ଧାନ ପାଇଲା ପରେ, ମନେହୁଏ ନି କି ସେ 'ଆଉ କ'ଣ'ର ରହସ୍ୟ ଭେଦ କରିବାକୁ! 'ସ୍ୱରୋଦୟ'କୁ ପ୍ରଥମ ଶୁଣାରେ ବୁଝିଥିଲି ଶବ୍ଦ   ଉଚ୍ଚାରଣ ଜନିତ ସ୍ୱର, ଏବଂ ତା'ର ଉଦୟ ବା ତା'ର ଅଭ୍ୟୁଦୟ। ଅନ୍ୟ ପ୍ରକାରରେ ମୁଁ ସ୍ୱରକୁ, ଶବ୍ଦକୁ ଜରିଆ କରି ମନ୍ତ୍ର ପର୍ଯ୍ୟନ୍ତ ଏବଂ ମନ୍ତ୍ରକୁ ସାଧନ କରି ଧ୍ୱନି ପର୍ଯ୍ୟାୟକୁ ଉନ୍ନୀତ ହେବାର ଅସୀମ ଅନନ୍ତ ଅନୁଭବ ବୋଲି ବୁଝିଥିଲି। ସୂର୍ଯ୍ୟର ରକ୍ତିମ ଆଭାରେ ସକାଳର ଅନୁଭବ ପରି, ସ୍ୱରର ଉଦୟ ଜନିତ ଆଭାରେ ମୁଁ ବିମୂଢ଼ା ଥିଲି। ତା'ର ରଙ୍ଗ ରୂପ ଐଶ୍ୱର୍ଯ୍ୟର କଳ୍ପନାରେ ବିଭୋର ଥିଲି। ମୋର ଏ ଶାବ୍ଦିକ ଅନ୍ୱୟରେ ମୁଁ ଖୁବ୍ ପରିତୃପ୍ତ ଥିଲି ତ ଶବ୍ଦର କେବଳ ଶାବ୍ଦିକ ଅନ୍ୱୟ ସେ ନିଜେ ସହି ନ ପାରି ଯେମିତି ମୋତେ ହାତ ଧରି ନେଇଯାଇଥିଲା ତା'ର ତାତ୍ତ୍ୱିକ ଅନ୍ୱୟ ପାଖକୁ। ମୁଁ ନନାଙ୍କୁ 'ସ୍ୱରୋଦୟ'ର ଅନୁଭବ ବଖାଣିଲା ବେଳକୁ ହାତରେ ପାଇଲି ଯଶୋବନ୍ତ ଦାସଙ୍କ 'ଶିବ ସ୍ୱରୋଦୟ'। ଏଥିରେ ଯଶୋବନ୍ତ ଦାସ, ସ୍ୱରର ପ୍ରଶଂସା ଓ ଅଧିକାରୀ ଭେଦ, ସ୍ୱରଜ୍ଞାନ ସମ୍ବନ୍ଧୀୟ ଯାବତୀୟ ଜ୍ଞାତବ୍ୟ ତଥ୍ୟ, ନାଡ଼ି ଜ୍ଞାନ, ପ୍ରାଣଦିବାୟୁ ଓ ପକ୍ଷବାର ନିୟମ ଇତ୍ୟାଦି ବିସ୍ତୃତ ଭାବରେ ବର୍ଣ୍ଣନା କରିଛନ୍ତି। (ଯଶୋବନ୍ତ ଦାସଙ୍କ 'ଶିବ ସ୍ୱରୋଦୟ'ର ମୁଖବନ୍ଧ-ଆର୍ତ୍ତବଲ୍ଲଭ ମହାନ୍ତି-ପୃ-୧୩)। ମୋଟ ଉପରେ ଏକ ସୁସ୍ଥ ଓ ଧର୍ମମୟ ଜୀବନଚର୍ଯ୍ୟା ନିମନ୍ତେ ସ୍ୱରଶାସ୍ତ୍ରର ଉପଯୋଗିତାକୁ ସହଜ ଓ ସରଳ ଭାଷାରେ ଲିପିବଦ୍ଧ କରିଅଛନ୍ତି।

ନନାଙ୍କର ଏଇ କ୍ଷୁଦ୍ରକବିତା ସଂକଳନର ସବୁ କବିତା ଗ୍ଲାନି, ଅସହାୟତା, ବିଚ୍ଛିନ୍ନତାବୋଧକୁ ଜୀବନ ବଂଚିବାର ସଠିକ୍ ସୂତ୍ର ମାଧ୍ୟମରେ ଯେ ଅତିକ୍ରମ କରାଯାଇ ପାରେ ଏ ଅଭିବ୍ୟକ୍ତିଟିକୁ ପରିବେଷଣ କରେ। ଜୀବନ ବୋଧରେ ସବୁକିଛିକୁ ଅତିକ୍ରମ କରିଯିବାର ଧ୍ୱନିଟିଏରେ ମୁଖରିତ ହୁଏ ଚଉଦିଗ। ଶବ୍ଦ ସବୁ ଅର୍ଥବାଦେ ନୂଆ ଅନୁଭବ, ନିଆରା ଚିତ୍ରସବୁ ତୋଳି ଧରନ୍ତି ଆଖି ସାମ୍ନାରେ ଯେ, କଲମ ଉସୁକାଏ ସେ କବିତାକୁ ସେ ଶବ୍ଦସବୁକୁ ସାଧନ କରି ଲେଖିବସିବାକୁ ଅନେକ କିଛି। ସେମିତି ଚିତ୍ରଟିଏ-

ସବୁ ଉଜେଇଁ ଦେଇ
ପୋଖରୀ କୂଳକୁ ଆସିଲା ବେଳକୁ
ଠିଆ ହୋଇଥିଲା ଉଦାସ ପବନ
ପାଣିର ଚଟାଣ ଉପରେ।

ରାସ୍ତା ସବୁ
ଗୋଡ଼ ଧୋଉଥିଲେପାଣିରେ। (ବାଟହୁଡ଼ା)

ମତେ ଏଠି ପବନ ଉପରେ ଦୟା ହେଉଛି। ପବନର ଉଦାସ ମୁହଁ ଭାସିଯାଉଛି ଆଖି ଆଗରେ। ଆଉ ରାସ୍ତାର ସୁତୁରାପଣକୁ ଦେଖି ଈର୍ଷା ହେଉଛି। ହେଲେ ମୂଳକଥାରୁ କ'ଣ ବାଟହୁଡ଼ି ଯାଉଛି କି ? ନା ଏଇଠ ଯେମିତି-

ଖାଲି ବଡ଼ ବଡ଼ିଆଙ୍କୁ
ଅନ୍ଧାରେ ଆସି ଆଲୁଏ ଯା' କହୁଥିବା
ବାଟ ଦେଖେଇବା କ'ଣ
ଆମେ ନିଜେ ତ ହୁଡ଼ି ଯାଇଛେ। (ବାଟହୁଡ଼ା)

ଆମେ ବାଟ ହୁଡ଼ିଯାଇଛେ। ସେଇଥିପାଇଁ ତ ବାଟ କଢ଼େଇବା ପାଇଁ ଲୋକଟିଏ, ପ୍ରତ୍ୟୟଟିଏ ଆବଶ୍ୟକ ଆମକୁ। ହୁଏତ ସେ ସବୁ ଆମ ଭିତରେ ଅଛି- ସେ ଲୋକ,ପ୍ରତ୍ୟୟ, ଧ୍ୱନି, ସ୍ୱର, ମୁକ୍ତି ଆଉ ଆଉ ଯାହା ବା ନାଁ ଦେଇ ପାରିବା ଆମେ। ଆଉ ସେ ଶକ୍ତି ସହ ପରିଚିତ ହେବା କାମ ଆମର ଯେତେବେଳେ, ଆମକୁ ସାଧନାର ଗୋଟେ ଗୋଟେ ସୋପାନ ଚଢ଼ିବାକୁ ପଡ଼ିବ। ବୁଝି, ବୁଝେଇବାକୁ ପଡ଼ିବ ନିଜକୁ। ଏଇତ ସ୍ୱର ଉଦୟର ଅବସ୍ଥା। ଆପଣାଛାଏଁ ସମାଧାନର ସୂତ୍ର ଗୁଣୁଗୁଣୁ ହେଇ କିଏ କହିଦେଇଯାଏ କାନରେ। ଯେମିତି 'ଯୋଉଠ ଛଳ ବେଣୀ/ପାଦ ଟିପି ଚାଲିବାକ ହୁଏ ସେଇ ଜାଗାରେ।' (ଏମିତି ହୁଏ)

ପୁଣି- 'ମୁଁ ଜାଣିଥିଲି ହଁ ନା ଦିଟା କଥା
ତା ଭିତରେ ଯେ
ଏତେ ବ୍ୟବଧାନ କାହାକୁ ଜଣା ? (ଅସ୍ୱରଙ୍ଗ)

'ଅସ୍ୱରଙ୍ଗ' କବିତାଟିର ଏଇ ତିନିଧାଡ଼ି ସହ ଯେବେ ପରିଚିତ ହେଲା, ସେତେବେଳେ ଭାବିଲି ଏ ବ୍ୟବଧାନ ସମସ୍ତଙ୍କୁ ଜଣା। 'କାହାକୁ ଜଣା' ବାକ୍ୟାଂଶଟି ମଧ୍ୟରେ ଲୁଚି ରହିଛି ଏଇ କଥା ଯେ ସବୁ 'ହଁ' 'ନା' ଭିତରେ ବି ଅନେକ ବ୍ୟତିକ୍ରମ, ଅନେକ ସମ୍ଭାବନା ଅନେକ ବିରୋଧାଭାସ ଅଛି, ଯାହା ଏଇ ନିର୍ଦ୍ଦିଷ୍ଟ ଦୁଇଟି ଶବ୍ଦ ମାଧ୍ୟମରେ ପରିପ୍ରକାଶ୍ୟ ନୁହେଁ। ଏହି 'କାହାକୁ ଜଣା' ବାକ୍ୟାଂଶ ବି ଉପରୋକ୍ତ ତିନୋଟି ପଂକ୍ତିର ବିବକ୍ଷିତ ଅର୍ଥକୁ ଆହୁରି ଭଲ ଭାବରେ ଅଭିବ୍ୟଞ୍ଜିତ କରିବା ସଙ୍ଗେ ସଙ୍ଗେ ଏକ ଧ୍ୱନ୍ୟାତ୍ମକ ଆନନ୍ଦ ଦେବାକୁ ସମର୍ଥ ହେଇଛି (ଭାରତୀୟ ସାହିତ୍ୟ ତତ୍ତ୍ୱ- ଡଃ ବନମାଳୀ ରଥ-ପୃ ୧୯୭)। ଏହି ସଂବୃତ୍ତି ବକ୍ରତା ମାଧ୍ୟମରେ କବି ଦର୍ଶେଇବାକୁ ଚାହୁଁଛନ୍ତି- ହଁ ନା ଯଥାକ୍ରମେ ହଁ କି ନାର ଶେଷ ସୀମା ହେଲେ ହେଁ କେବଳ ସେଇ

ସେଇ ଅର୍ଥ ଦ୍ୟୋତନା କରୁନାହାନ୍ତି। 'କାହାକୁ ଜଣା' ଏଠି ଆଉ ପ୍ରଶ୍ନ ନ ହୋଇ 'ସମସ୍ତଙ୍କୁ ଜଣା' ଉପଲବ୍ଧିକୁ ବର୍ଣ୍ଣନା କରୁଛି। ସେମିତି- 'ସରୁ ପାଣି ଧାରଟି/ ଏଣିକି ତେଣିକି ତରକି ପଡ଼ି/ ଲୁଚି ଯାଉଚି/ବାଡ଼ି ପଛପଟ ଘାସ ବୁଦାରେ' (ତାକୁଇ ନେଇ) କବିତା ପଂକ୍ତିରେ 'ତରକିବା' ଏବଂ 'ଲୁଚିବା', ଗୋଟିଏ ଗୋଟିଏ ଚେତନା ଧର୍ମ । 'ପାଣିଧାର' ଏକ ଅଚେତନ ବସ୍ତୁ । 'ସରୁ ପାଣିଧାର କୋଉଠି ନା କୋଉଠି ହଜିଯାଏ। ଆଉ ଅଙ୍କା ବଙ୍କା ହେଉଛି ତା' ଗତିର ଧର୍ମ। 'ସରୁ ପାଣିଧାର'ର ଅଙ୍କାବଙ୍କା ଗୁଣଟିର 'ତରକିବା' ସହ ସାଦୃଶ୍ୟ ଥିବାରୁ ଅଚେତନ ପାଣିଧାରର ଏହିପରି ବର୍ଣ୍ଣନା ଏକ ସ୍ୱତନ୍ତ୍ର ଚମତ୍କାରିତା ପ୍ରକାଶ କରୁଛି। ଏହି 'ଉପଚାର ବକ୍ରତା' (ଭାରତୀୟ ସାହିତ୍ୟ ତତ୍ତ୍ୱ-ପୃ-୧୯୭) ବା ଉପରେ ବର୍ଣ୍ଣିତ 'ସଂବୃତ୍ତି ବକ୍ରତା'ର ଅନେକ ଉଦାହରଣ 'ସ୍ୱରୋଦୟ'ରେ ଦେଖିବାକୁ ତ ମିଳିବ; ମାତ୍ର କେବଳ ଏହି ବକ୍ରୋକ୍ତି ଭିତରେ ସଂକଳନ ଅନ୍ତର୍ଭୁକ୍ତ କବିତାର ଅନ୍ୟାନ୍ୟ କାବ୍ୟଶିଳ୍ପକୁ ସଂକ୍ଷେପିତ କରିଦେବାର ଅଭିପ୍ରାୟ ନରଖି ରସଗ୍ରାହୀ ଆହୁରି ଅନେକ ଅର୍ଥ ଏବଂ ଅନ୍ୱୟ ଖୋଜି ପାଇବେ।

ପ୍ରଥମରୁ ଲକ୍ଷ୍ୟ କରିଛି ନନା ଶବ୍ଦ ପ୍ରୟୋଗରେ ଖୁବ ମାପଚୁପ। ସେ ଭଲଭାବରେ ଜାଣନ୍ତି କେଉଁ ଶବ୍ଦର କେଉଁ ପରି ପ୍ରୟୋଗରେ ଶବ୍ଦର ବାଚ୍ୟାର୍ଥ ଅପେକ୍ଷା ବ୍ୟଙ୍ଗ୍ୟାର୍ଥ ଅଧିକ ଚମତ୍କାରକାରୀ ହେବ। କବିତାର ବାକ୍ୟ ବିନ୍ୟାସ ଭିତରେ ଯେ କେହି ଅନୁଭବ ତ ପାଇପାରିବ, ତା ସାଙ୍ଗେ ସାଙ୍ଗେ କବିତାର ଚିନ୍ତାଧାରା ସହିତ ନିଜକୁ ଏକାକାର ଭାବେ ପାଇ ଆହ୍ଲାଦିତ ହେବ (ଭାରତୀୟ ସାହିତ୍ୟ ତତ୍ତ୍ୱ-ପୃ-୨୪୭)। ଉଦାହରଣ ! ଏଇ ଯେମିତି-

୧) ଯେତେ ଫାଙ୍କା ହେଲେ ବି
ବଙ୍କେଇ ବଙ୍କେଇ ଚାଲିବା
ଗୋଟେ ବଦଭ୍ୟାସ ଚଲାବାଟର
କିଏ କୁଆଡ଼େ ଝିଙ୍କି ନେବ ବୋଲି
ତା'ର କାଳେ ଭାରି ଡର । (ଜାଣିବା ଲୋକ)

୨) କିଏ ଜାଣେ
ଆମ ଯିବା ବାଟରେ କେତେ ଯେ ଶବ୍ଦ
ସେମାନଙ୍କର ଅର୍ଥ ବଦଳେଇ ଗଲେଣି
ଆପଣା ଛାଏଁ (ବଦଳେଇ ଦେବାକୁ ପଡ଼ିବ)

ଶବ୍ଦର ପ୍ରଚଳିତ ପ୍ରୟୋଗକୁ ଛାଡ଼ି କବିଟିଏ ସ୍ୱତନ୍ତ୍ର ଭାବରେ ଶବ୍ଦର ଅପ୍ରଚଳିତ ପ୍ରୟୋଗ ଦ୍ୱାରା ହିଁ ନିଜକୁ ଅନ୍ୟ ସମସ୍ତ କବିଙ୍କଠାରୁ ଅଲଗା କରି ନେଇଥାଏ (ଭାରତୀୟ

ସାହିତ୍ୟ ତତ୍ତ୍ୱ-ପୃ-୨୦୦)। କେତେବେଳେ ଗଦ୍ୟ- କବିତା ମଧ୍ୟରେ ସାଙ୍ଗୀତିକତା, କେତେବେଳେ ପ୍ରଚଳିତ କଥା-କାରିଗରୀ, ରୂଢ଼ି ତ କେତେବେଳେ ଫି-ରୋଜ ବ୍ୟବହୃତ ଖଣ୍ଡବାକ୍ୟକୁ ନେଇ ନନା ଯେତେବେଳେ କବିତାରେ ଅଲଗା ପ୍ରକାରର ବ୍ୟବହାର କରନ୍ତି, ଆଶ୍ଚର୍ଯ୍ୟାଭିଭୂତ ହିଁ ହେବାକୁ ହୁଏ। ଏୟା ଭାବିବାରେ ଲାଗିପଡ଼େ ଯେ ଶବ୍ଦ ପୁଣି ଏଇମିତି ବ୍ୟବହୃତ ହୋଇପାରନ୍ତି! ଭାବେ ଏଇ କ'ଣ ରସଧ୍ୱନି! ଏଇ ବୋଧେ ଶବ୍ଦ ଜରିଆରେ ସ୍ୱରୋଦୟ! ଏଇ ଯେମିତି-

୧) ଘରଟିଏ ଥିଲା
ଆଉ ସମସ୍ତେ ଠିକଣା ପଚାରୁଥିଲେ ଯାହା (ଘରଟିଏ ଥିଲା)

୨) ବାହୁଡ଼ିବା କଥାକୁ କିଏ ପଚାରୁଚି
ଯଦି ଯିବା ଫେରିବା ସବୁ ସମାନ ।

X X X X

ଘରେ ବହୁତ କାମ ବାକି ପଡ଼ିଛି।
ପଡ଼ିଥାଉ ପଛକେ, ସବୁ ଯଶ କୀର୍ତ୍ତିକୁ ଉପେକ୍ଷା କରି
ଯିବାକୁ ହବ। ଦୂରରେ ପଡ଼ି ଥାଉ ଘର ।(ଏମିତି କିଛି ଘଟିଯିବ)

୩) ବାଟ ସରିଆସିବାକୁ ବସିଲାଣି
କାହାର ଟେକ ରହିଚି ଯେ ମୋର ରହିବ ।

X X X X

ସବୁ ନାହିଁ ନାହିଁ ଭିତରେ
କୋଉ ହିଁଟିକୁ ଏବେ ଖୋଜା ପଡ଼ିଚି ଯେ? (ଅବସର)

୪) ବିଶ୍ୱାସଟିକୁ କୋଉ ଗଛ କୋରଡ଼ରେ ଛାଡ଼ି
ଗୋଡ଼ ବଢ଼େଇ ଦେଇଚେ ଆଗକୁ (ଫେରିଯିବା)

୫) ମୋ ଭାଗ୍ୟରେ ନାହିଁ ଜିତିଯିବା
ହାର ମାନିବାକୁ ମୁଁ ପ୍ରସ୍ତୁତ ନୁହେଁ
ତେବେ ପଣ୍ଡିତଙ୍କ ପରି ସୁନା କଙ୍କଣ ପାଇଁ
ପଙ୍କରେ ପଶିଯିବାକୁ ପଡ଼ିବ ନା କ'ଣ?
ହଁ ନା ନିଷ୍ପତ୍ତି କ'ଣ ଏଡ଼େ ସହଜ? (ଅସ୍ତରଙ୍ଗ)

୬) ଭଙ୍ଗା ମାଠିଆ ଭିତରୁ ଧୁରୀଣ ଗୁଣ୍ଡୁଚିର ଖେଳ
ଖରାବେଳଟାକୁ ଅଟକେଇ ଦେବାର ଗୋଟେ ବାଟ (ବାହୁଡ଼ା)

୭) ଘଟ ଛୁଟିଲେ ସବୁ ଆଣ୍ଠେ ଭାଙ୍ଗିଯିବ

ଘର ବୋଲି ଯେତେ ପଦାର୍ଥ ଅଛି
ସବୁ ରହିଯିବ ପଛରେ
ହେଲେ ସବୁ ଡରାଣକୁ
ଆଡ଼େଇ ଦେଲେ ବଞ୍ଚିଯିବ ନା ! (ଘଟ)

ନନାଙ୍କ କବିତାର ଆଉ ଗୋଟିଏ ଦୃଷ୍ଟିକୋଣ-ଜୀବନ ବଞ୍ଚିବାକୁ ନେଇ ସକାରାତ୍ମକତା-ମତେ ଖୁବ୍ ଭଲ ଲାଗେ। ଏମିତିକି ନନାଙ୍କ ଆରମ୍ଭ ବେଳର କବିତାରେ ବି ଏଇ ଦାର୍ଶନିକତା ପ୍ରତିଫଳିତ। ଯେବେ ଗ୍ଲାନି, ବିଷାଦଭାବକୁ ନେଇ କବିତାରେ ନାନା ପରୀକ୍ଷା ନିରୀକ୍ଷା ଚାଲିଥିଲା ନନାଙ୍କ କବିତା ପୂର୍ଣ୍ଣତା, ସନ୍ତୋଷ, ଚରମ ଆନନ୍ଦ ଇତ୍ୟାଦିକୁ ନେଇ ସତେଜ ଥିଲା । ସେ 'ଶବରୀ ଚର୍ଯା' ('ଶବରୀ ବାଳୀ:/ଜୀବନର ପ୍ରତିଶ୍ରୁତି ଭରି ଦେ:/ଉଚ୍ଚ ପର୍ବତ ଶିଖରରେ/ତୋର ବାସ/ସହଜ ସୁନ୍ଦରୀ:/ଏଇ ଅପରିଣାମଦର୍ଶୀ ଉନ୍ମତ୍ତ ଶବରକୁ/ଆୟତ୍ତାଧୀନ କରିବା/ତୋ ପକ୍ଷରେ / କଷ୍ଟକର ନୁହେଁ ରେ / ଶବରୀ।' - ଶବରୀ ଚର୍ଯା- ପୃ-୪) ହେଉ କି ହେଉ 'ଶୂନ୍ୟ ସଂହିତା ଓ ଅନ୍ୟାନ୍ୟ କବିତା' (ଅର୍ଥ ଖସି ଯାଉଚି ଶବ୍ଦରୁ / ବେଳ ହେଲେ ବଳେ ଆସିଯିବ ଯେ'-ପୃ-୬୪) ସବୁଠି ଅଭାବବୋଧଜନିତ କ୍ଲେଶ ତ ରହିଛି; ମାତ୍ର ସେ କଷ୍ଟ, ସେ ଦହନ ଭିତରୁ ବଞ୍ଚିବାର ଏତେଟିକେ ସମ୍ଭାବନାକୁ ନେଇ ପ୍ରତ୍ୟେକ କବିତା ସମୃଦ୍ଧ। ହୋଇପାରେ ଏଇ କ୍ଲେଶ ହିଁ କବିତା ଲେଖେଇ ନେବାର ପ୍ରେରଣା। ସବୁ ସମ୍ଭାବନା ହିଁ ତାଙ୍କର ବ୍ୟକ୍ତିଗତ କାବ୍ୟଦର୍ଶନ। ଏବଂ, 'ସ୍ୱରୋଦୟ'ର କାବ୍ୟ-ଶିଳ୍ପ ଏମିତି ଅନେକ ସମ୍ଭାବନା, ଅନେକ ପ୍ରତିଶ୍ରୁତିକୁ ନେଇ ଜୀବନ୍ତ। ଉଦାହରଣ ସ୍ୱରୂପ-

୧) ତୁ ତ ଅପରାଜେୟ/ଟିକିଏ ହସିଦେଲେ/ ଅଜାଡ଼ି ହେଇ ପଡ଼ିବ/ ତିନି ଭୁବନର ସକଳ ସମୃଦ୍ଧି। (ରିକିପାଇଁ)
୨) ନଈରେ ଗାଧୋଇ ପଡ଼ିଲେ/ଧୋଇ ହେଇଯାଏ /ସବୁ ମଇଳା (ଆମେସବୁ)
୩) ଛାଇ ବୁଲି ଯାଉଚି ସଜନା ଗଛର ଚାରିପଟ /କାଳେ କହିଯାଉଚି / ଅବାଟ ନୁହେଁ ଦିଶୁ ନଥିବା ସବୁ ବାଟ । (ଫେରିଯିବା)
୪) ଖାଲି କଷ୍ଟ ଟିକେ / ବଳେଇ ପଡ଼ିବାରୁ /ତମକୁ ପଚାରି ଦଉଚି ଯାହା / ତମ ଛଡ଼ା କିଏ ବା ସମ୍ଭାଳିବ / ଏ ଅନର୍ଥମାନଙ୍କୁ ? (ଗଳାକଥା)
୫) ସିଏ ଆସିଗଲେ /ସହଜ ହେଇଯାଅନ୍ତା ସବୁକଥା x x ଆଣ୍ଠେଇ ନପଡ଼ି/ ସିଧା ହେଇ ଯାଆନ୍ତା ଗଛ / ଏତେକଥା ଘଟିଗଲା ପରେ / ସେ କ'ଣ ଆଉ ନ ଆସି ରହିପାରିବେ ? (ସିଏ ଆସିଗଲେ)

ଆଉ ଅଧିକ ବା କ'ଣ କହିବି ମୋ ଅନୁଭବ। ନନାଙ୍କ କବିତାର ଆଉ ଦୁଇଟି

ଉଦାହରଣକୁ ନେଇ ଶେଷ କରୁଛି ମୋର କହିବା କଥା । ୟା ଠାରୁ ଅଧିକ ଯଥାର୍ଥ ଅଭିବ୍ୟକ୍ତି ନାହିଁ ମୋ ପାଖରେ, ମୋ ନନାଙ୍କ 'ସ୍ୱରୋଦୟ'କୁ ନେଇ ।

୧) କଦମ୍ବ କି ତମାଳ ଗଛ ଆଢୁଆଳରୁ / ମୂକ ସ୍ୱରଟିଏ ଆସିଯିବ/ ସେ ଅକ୍ଷତ ଥାଉ / କି ତା'ର ହାତଗୋଡ଼ / କଟି ଯାଉ ଥାଉ / ତାକୁଇ ନେଇ / ଗଢ଼ିବାକୁ ପଡ଼ିବ ଶବ୍ଦ / ଯେତିକି ଦେଖାଯିବ/ତା'ଠୁ ଅଧିକ ଲୁଚେଇ ରଖି / ଥୋଇ ଦେବାକୁ ହେବ କବିତାରେ । (ତାକୁଇ ନେଇ)

ମୂକ ସ୍ୱରଟିଏ ଅକ୍ଷତ ଥାଉ କି ତା'ର ହାତଗୋଡ଼ କଟି ଯାଉଥାଉ-ଏ ପଂକ୍ତି ଭିତରୁ ମତେ 'ସ୍ୱର'ମାନଙ୍କ କ୍ଷତବିକ୍ଷତ ଅଭିଶପ୍ତ ଶରୀର କଥା ମନେ ପଡ଼ିଯାଉଛି, ଯେଉଁମାନେ ଶିବଙ୍କ ସଙ୍ଗୀତରେ ଅଭିଶାପରୁ ମୁକ୍ତି ପାଇଥିଲେ । କେଜାଣି ନନା କ'ଣ ଭାବି ଲେଖିଛନ୍ତି ! ତେବେ ଏଇଟା ନିଶ୍ଚିତ ଯେ-

୨) ମିଛଟିଏ ତିଆରି କରି /ହାତକାଟି ଲେଖି ପକେଇବା / ସହଜ ନୁହେଁ / ସତର ଗୋଟେ ନିଆରା ଚେହେରା / ଗଢ଼ିଦେଇ / ଖସିଯିବା / କବିଟିଏ ହିଁ କରିପାରେ । (ସେଇଠିକୁ) ।

ଈପ୍‌ସିତା ଷଡ଼ଙ୍ଗୀ

॥ ସୂଚୀ ॥

ଏଥର ■ ୧୯

କହିବ କିଏ ■ ୨୧

ଘରଟିଏ ଥିଲା ■ ୨୩

ରିକି ପାଇଁ ■ ୨୫

ତାକୁଇ ନେଇ ■ ୨୭

ଭଙ୍ଗାଗଢ଼ା ■ ୨୯

ଭଣିତା ■ ୩୧

ବାଟହୁଡ଼ା ■ ୩୩

ତା'ଛଡ଼ା ■ ୩୫

ପାଖରେ କେହି ନଥିବେ ■ ୩୭

ବାଟ କଢ଼େଇବା ଲୋକ ■ ୩୯

ଏମିତି କିଛି ଘଟିଯିବ ■ ୪୧

ଅବସର ■ ୪୩

ଆମେସବୁ ■ ୪୫

ଫେରିଯିବା ■ ୪୭

ଅସ୍ତରଙ୍ଗ ■ ୪୯

କବିତା ବୋଧେ ଜାଣିପାରେ ■ ୫୧

ଗଲାକଥା ■ ୫୩

ପାଚେରି ■ ୫୫

ରହସ୍ୟ	୫୭
କୋଉଠି କେମିତି	୫୯
ଜାଣିପାରେନା	୬୧
ବାଡ଼	୬୩
ପରୀ	୬୫
ଚେହେରା	୬୭
ଜାଲ	୬୯
ସିଏ ଆସିଗଲେ	୭୧
କିଏ ଅଇଲା, ଗଲା କିଏ	୭୩
ସେଇଠିକୁ	୭୫
ଜାଣିବା ଲୋକ	୭୭
ଏମିତି ହୁଏ	୭୯
ବାହୁଡ଼ା	୮୧
ଏବେଠୁ	୮୪
ବଦଳେଇ ଦେବାକୁ ପଡ଼ିବ	୮୬
ଘଟ	୮୮
ଏକୁଟିଆ	୯୦
ନୂଆଲୋକ	୯୨
ବାଟ ପାଇ ଯିବା	୯୪
ବାହାନା	୯୬
ସ୍ୱରୋଦୟ	୯୮

ଏଥର

ଯେତେବେଳେ କିଛି ନଥିଲା ଖାଲି ନଥିବା ଥିଲା
ପତ୍ର ନ ଝଡ଼ିବା ବେଳେ ଛିଡ଼ି ପଡ଼ିବା ଥିଲା
କିଏ ଭାଙ୍ଗି ଦେଇଗଲା ଘଣ୍ଟାର କଣ୍ଟାସବୁକୁ
ଅଥଚ ଘଣ୍ଟାର ଟିକ୍ ଟିକ୍ ଶବ୍ଦଥିଲା
ଖାଲି ଯାହା ଜଣା ପଡୁ ନଥିଲା
କେତେଟା ବାଜିଛି ବୋଲି ।

ବୁଢ଼ା ଇତିହାସ ବୁଜୁଲା ବାନ୍ଧି
ନେଇ ଯାଉଛି କାହାକୁ ?
ପଛରେ ଛାଡ଼ି ଆସିଥିବା ବାଟକୁ ?
ସେ ତ ଲିଭିଯାଇଛି ଆପଣା ଛାଏଁ ।
ଆଜିଯାଏଁ ଅବୁଝା ଥିବା ରହସ୍ୟକୁ ?
ସେ ବି ପୋତି ହୋଇ ପଡ଼ିଛି କୋଉକାଳୁ ।

ପାଣି ଶୀତେଇ ଯାଉଛି ପବନରେ
ଅନ୍ଧାର ଫେରିଯାଉଛି
ଯୁଆଡୁ ଆସିଥିଲା ପୁଣି ସେହି ଆଡ଼ିକି
ଯେଝା କଥା ଯାହାର

ସକାଳର ଖାଲି ପଣିଆକୁ
ମୁଖରିତ କରିବା ଭାର୍ ଛୋଟା କାଉର।

ପୃଥିବୀ କାଳେ ଅଣେଇ ଚାଲୁଚି
ଆମ ଅଜାଣତରେ
କେତେବେଳେ କୋଉଠି କ'ଣ ଘଟିବ
କିଏ କହିବ ?
ହଠାତ୍ ଯେ ଇନ୍ଦ୍ରଧନୁର ଅଷ୍ଟମ ରଙ୍ଗ
ଉକୁଟି ନ ଉଠିବ କାହାକୁ ଜଣା ?

ଗୋଳିଆ ପାଣି ବୋହିଯାଉଚି
ଟିକିଏ ବଙ୍କା ବାଟରେ
ବହିରେ ଚିହ୍ନ ଦଉଥିବା କାଗଜଖଣ୍ଡିକ
ଆଉ ମିଳୁନି ଆଗଭଳି
ଏତେ ଆଗକୁ ଚାଲିଆସିବା ପରେ
ଆଉ କିଛି ଅର୍ଥ ନାହିଁ
ପୁଣିଥରେ ଫେରି ଚାହିଁବାରେ ପଛକୁ।

ସବୁ ଘରର କବାଟ ଫିଟିଯିବ
ସବୁଥର ପରି ପୁଣିଥରେ ଏଥର
ଚିହ୍ନା ପଡ଼ିବନି ବୋଲି ଆସୁ ଆସୁ
ଚିହ୍ନା ପଡ଼ିଯିବ ଆପେ ଆପେ
କିଛି ନ କହିବ ବୋଲି ତୁନିହେଲା ବେଳକୁ
କୁହା ସରିଥିବ ଅଭୀଷ୍ଟ ତକ
ପୁଣିଥରେ ଫେରିବାକୁ ହବ ଆରମ୍ଭକୁ
ଏଥର ଆରମ୍ଭରୁ ହିଁ
ଆରମ୍ଭ କରିବାକୁ ପଡ଼ିବ ଆରମ୍ଭକୁ।

କହିବ କିଏ

ଏବେ ଚଉଡ଼ା ହଉଚି ଆମ ଘର ଆଗର ରାସ୍ତା
ଦି'ପଟେ ଅରାଏ ଲେଖାଏଁ ଘାସ ଉଠୁଥିଲା ଯେ ଗଲା
ଖାଲି ଜାଗା ଟିପେ ହେଲେ ରହିଲା ନି
ଘରର ରାସ୍ତା ଛଡ଼ା

ଗାଁରେ ଆମର କେତେ ଅରମା
ପଡ଼ିଆ ଆମ୍ବତୋଟା
ସାହି ସାହି ମଝିରେ ବଣବୁଦା
ଛୋଟ ବଡ଼ ଗଛମାନଙ୍କର ମୁଣ୍ଡ ହଲା
ଅଚାନକ ସବୁ ଉଭାନ
ଖୁଣ୍ଟ ପଛ ଆଡ଼େ ଝୁଲି ପଡୁଚି
ଖାଲି ଯାହା ପୁରୁଣା ଜହ୍ନ

ବିଚରା କାହ୍ନୁ ଘଣ୍ଟାଟା ସଢୁଚି
ଅନ୍ଧାରରେ ଘରର
ଏବେ କୁଦ ଉପରେ ଆଉ
ଡେରା ପଡୁନି ପତ୍ରଙ୍କର

ଏ ଅବସ୍ଥାରୁ ଉଧୁରିଯିବା ପାଇଁ
କୋଉଠୁ ଗୋଟେ ବାଟ ମିଳି ଯିବ ନି ?

ଫୁଲଟିଏ ଫୁଟିବାର ବହୁ ଆଗରୁ
ତାର ସୁରାକ ବେଶ୍ ମିଳି ସାରିଥାଏ
ଯେତେ ଥକି ପଡ଼ିଥିଲେ ବି
ପାଦ ତାର ଚାଲିବା କଥା ଭୁଲି ଯାଏନି
ବେଳ ପଡ଼ିଲେ ତା କାମ ସିଏ ଆରମ୍ଭ କରିଦିଏ
ସବୁଥର ଭଳି
ଯୁଆଡ଼େ ଯିବାକଥା ମାଡ଼ିଚାଲେ ।

ଘର ଅଗଣାରେ କୁଳାଏ ଖରା
ଶୀତଳ ହଉଚି ଛାଇରେ
ସେଇ ଅଚିହ୍ନା ଲୋକଟାର ଚେହେରା
ଲୁଚି ଯାଉଚି ଗହୀର ବିଲର ଆଢୁଆଳରେ
ପିମ୍ପୁଡ଼ିଟି ଯାହା ଲାଗି ପଡ଼ିଚି
ଚଢ଼ିଯିବାକୁ ରୁଖାରେ
ଆମମାନଙ୍କଠୁ ଅଲଗା ଜଗତରେ
କେତେବେଳେ ଯେ କ'ଣ ଘଟିବ
କେତେବେଳେ ଯେ କେତେଟା ବାଜିବ
କହିବ କିଏ ?

ଘରଟିଏ ଥିଲା

କବାଟ ଝରକା ନଥିବା ଘରଟିଏ
ରାତି ସବୁଆଡ଼ ଅନ୍ଧାର
ଜହ୍ନକୁ କିଏ ଯେମିତି ଫୋପାଡ଼ି ଦେଇଛି
କଚରା ଡବାକୁ ସବୁଆଡ଼େ ଚୁପ୍‌ଚାପ୍
ନୀରବତାଠୁ କିଏ କାଳେ ଉଠେଇ ନେଇଛି
ଶବ୍ଦମାନଙ୍କୁ ଅନନ୍ତ ଆକାଶକୁ

ଆମେ ଯାହାକୁ ପାହାଡ଼ କହୁଛେ
ସିଏ କାଳେ ବଡ଼ ଖାଲଟିଏ
ଆମେ ଯାହାକୁ ବରଗଛ କହୁଛେ
ସିଏ କାଳେ ଜଟାଳ କଳ୍ପବୃକ୍ଷ
ଚେର ଯାହାର ଆକାଶରେ
ସେଠି ନଈ ତୁଠରେ ବୁଢ଼ା ପୋଲଟେ ପଡ଼ିଛି
ତାକୁ କିଏ କାହିଁକି ପଚାରିବ ତାର ହାଲତ
ତଥାପି ଲାଗେ ତାଠୁ ଅଧିକ
ବେଢଙ୍ଗିଆ ଅବସ୍ଥାରେ ଆହୁରି ଅନେକେ ଅଛନ୍ତି
ଯାହା ତାହି ଘରଟିଏ ଥିଲା
ଅନ୍ଧାରିଆ ଅଧା ଛପର ହଉପଛକେ

ଟିଣ ବାକ୍ସ ସହିତ ଚାଳିଆ ଖଣ୍ଡକ
ଦିନେ କିଏ ଉଡ଼େଇ ନେଲା
ବାଡ଼ିପଟର ନଡ଼ିଆ ପତ୍ର ଚାଞ୍ଚଡ଼ା
ସଜେଇ ଦେଲାପରି ଧାନ କିଆରି
ଦରଜା ଝିଡ଼ିକି ସବୁକୁ
କିଏ କୁଆଡ଼େ ଲୁଚେଇ ଦେଲା ଯେମିତି
ନିର୍ଭୟ ହେବାର ଭୟ ଥିଲା ଯେହେତୁ
ଆଉ କୋଉଠିକୁ ଲେଉଟିଯିବି ପୁଣିଥରେ
ନୂଆକରି ଆରମ୍ଭକୁ ଆରମ୍ଭ କରିବାକୁ

ଘରଟିଏ ଥିଲା
ଯାହାକୁ କେବଳ ଖୋଜୁଥିଲି ମୁଁ
ଆଉ ସମସ୍ତେ ଠିକଣା ପଚାରୁଥିଲେ ଯାହା ।

ରିକି ପାଇଁ

କହିପୋଛି ଜହ୍ନକୁ
ଘୁଞ୍ଚେଇ ଆଣିଲି
ନଡ଼ିଆ ବାହୁଙ୍ଗା ଫାଙ୍କରୁ
ଝରକା ପାଖକୁ

ପଡ଼ିଆରେ କାଁ ଭାଁ କେତେଟା
ଫୁଲ ଭଳି ତାରାଙ୍କୁ ଛାଡ଼ି
ଆଉ ସମସ୍ତଙ୍କୁ
ପଠେଇ ଦେଲି ଘରକୁ
କେବଳ ରିକିର
ହସକୁରା ମୁହଁଟି ପାଇଁ

ରିକି ଯେମିତି ଛଦ୍ମବେଶରେ
ଖସି ପଡ଼ିଚି ମୋ ଝିଅ କୋଳରେ ।

ଆମ ଓଗଳା ପଣକୁ
ଖାତିର ନ କରି
ଠିକ ବର୍ଷକ ତଳେ

ଆମଠୁ ଖସି ଯାଇଥିବା ବାପା ଯେମିତି
ଫେରି ଆସିଛନ୍ତି ପୁଣି ଥରେ ।
ତାର ଅସ୍ପଷ୍ଟ ଶବ୍ଦ
ଓ ଅବ୍ୟକ୍ତ ଚାହାଣୀରେ
ଭାଙ୍ଗିପଡ଼େ
ଆମର ସବୁ ଦୁଃଖମାନଙ୍କର ଦୁର୍ଗ
ଚାବି ହଜିଯାଏ ଅହଙ୍କାରର।

ଭୟ କରନା, ରିକି
ଫେରିବା ବାଟ ଜାଣିଯିବୁ ଆପଣାଛାଏଁ
ଏମିତି ଗୋଟେ ବୋକୀ ଝିଅକୁ ମୁଦି ଦେବୁନି
ଯିଏ ଅସାବଧାନରେ
ହଜେଇ ପକେଇବ ନଈପାଣିରେ।

ଜୀବନସାରା ଆଉଜି ଚାଲିଚି
ଭଙ୍ଗା କାନ୍ଥ ଓ ନଣ୍ଡା ଗଛକୁ
ବେଳେ ବେଳେ ଛୋଟ ଡଙ୍ଗାଟି
ଜୁର ହେଇଚି ନଈ ମଝିରେ।

ରିକି, ତୋତେ ଦୋହଲେଇ ଦେବା
ସହଜ ନୁହେଁ
ତୁ ତ ଅପରାଜେୟ
ଟିକିଏ ହସିଦେଲେ
ଅଜାଡ଼ି ହେଇ ପଡ଼ିବ
ତିନି ଭୁବନର ସକଳ ସମୃଦ୍ଧି।

ତାକୁଇ ନେଇ

ତୋ'ଠୁ ଅନେକ ଦିନ ହବ
ମୁରଲୀ ଶୁଣିନି କାହ୍ନୁ
ବେଳହେଲେ
ବଳେ ବଳେ ଧ୍ୱନିଟିଏ
ପଠେଇ ଦେବୁ ବୋଲି
କହିଥିଲୁ ତ !

ସେଇଥିପାଇଁ ଚାହିଁ ରହିଚି
ଝର୍କା କଡ଼ରେ
କେତେ କ'ଣ ଘଟି ଯାଉଚି ବଡ଼ି ସକାଳୁ
କୁହୁଡ଼ିର ଭୁସୀ ଆଡ଼େଇ
ଦଉଡ଼ ଆସୁଚି ସୂର୍ଯ୍ୟ
ସରୁ ପାଣି ଧାରଟି
ଏଣିକି ତେଣିକି ତରକି ପଡ଼ି
ଲୁଚି ଯାଉଚି
ବାଡ଼ି ପଛପଟ ଘାସବୁଦାରେ ।

ଖରାବେଳ ଗୋଟାକଯାକ କାଠହଣା
ଖଣ୍ଡିଆ ଖାବରା କରି ଚାଲିଚି
ଗଛର ଗଣ୍ଡିକୁ
ପାଖ ଗଛର ଡାହି ଅଗରେ
ହସିଦଉଚି ଫୁଲଟିଏ
ହେଲେ, ତା' କଥା ଶୁଣୁଚି କିଏ ?

କଦମ୍ବ କି ତମାଳ ଗଛ ଆଢୁଆଳରୁ
ମୂକ ସ୍ୱରଟିଏ ଆସିଯିବ
ସେ ଅକ୍ଷତ ଥାଉ
କି ତା'ର ହାତ ଗୋଡ଼
କଟିଯାଉ ଥାଉ
ତାକୁଇ ନେଇ
ଗଢ଼ିବାକୁ ପଡ଼ିବ ଶବ୍ଦ
ଯେତିକି ଦେଖାଯିବ
ତା'ଠୁ ଅଧିକ ଲୁଚେଇ ରଖି
ଥୋଇ ଦେବାକୁ ହେବ କବିତାରେ।

ଭଙ୍ଗାଗଢ଼ା

ଏବେ କୋଉଠି ହେଲେ ଅଟକିଯିବା ସମ୍ଭବ ହେଉନି
ମୁଁ ଯେତିକି ଯେତିକି ପାଖକୁ ଯିବାକୁ ଚାହୁଁଛି
ସେ ମୋତେ ସେତିକ ସେତିକି
ଦୂରକୁ ନେଇ ଯିବାରେ ଲାଗିପଡ଼ିଛନ୍ତି
କେବେ କେଉଁଠି ଅକସ୍ମାତ ଯେ
ଭେଟ ହେଇଯିବ କିଏ କହିବ

ଫୁଲ ଫୁଟି ଯାଉଚି ବଗିଚାରେ
ବସ୍ ଠିଆ ହେଇଛି ଦୋଳବେଦୀ ଛକରେ
ନବାଲୋକ ନାହିଁ କି ଯିବାଲୋକ

ଉଞ୍ଚା ପର୍ବତ ଉପରେ କାନ୍ଥକୁରା ପରି ଗୁମ୍ଫା
ଘଞ୍ଚ ଜଙ୍ଗଲ ଭିତରେ
କଣସବୁ ଭଙ୍ଗାଗଢ଼ା ଚାଲିଛି
ପଥର ଫଟେଇ ପାଣି ଝର ଗଡ଼ି ଆସୁଛି
ତଳକୁ ଯୋଉଠିକୁ ନ ଯିବା କଥା ସେଇଠିକୁ

ପାଣି ଝରଟି ଆସୁ ଆସୁ
ଝଙ୍କାଳିଆ ଗଛ ମୂଳେ ହଜିଗଲା
କି ପାଣି ଭର୍ତ୍ତି ହଉ ହଉ
ଯଦି ମାଠିଆଟି ଭାଙ୍ଗିଗଲା
କଥା କଣ ସେଇଠି ସରିଗଲା କି

କଥା କେବେ ହେଲେ ସରେ ନି
ଯେତେ କ୍ଷୀଣ ହେଲେ ହେଁ
ଆଶା ତ ଆଶା
ପୁଷ୍ଟ ହେବାରେ ଲାଗିପଡ଼ିଥାଏ
ଆମ ଅଜାଣତରେ
ସବୁ ଭୁଷୁଡ଼ି ପଡ଼ିବାର ଉପକ୍ରମ ବେଳେ
କେଜାଣି କେମିତି ଗଢ଼ି ହେଇଯାଏ ଆପେ ଆପେ

ପକ୍ଷୀମାନେ ଉଡ଼ାଉଡ଼ି କରୁ ଥାଆନ୍ତୁ
ଯାତ୍ରା କନସର୍ଟ ବାଜୁଥାଉ ମେଳଣ ପଡ଼ିଆରେ
ଫୁଲ ଫୁଟୁଥାଉ ଝଡୁଥାଉ ଜହ୍ନି ଡଙ୍କରୁ
କବାଟ ସନ୍ଧିରେ ଅଳନ୍ଧୁ ଲାଗୁଥାଉ ଅନବରତ
ଏମିତି ଭଙ୍ଗା ଗଢ଼ା ଚାଲିଥାଉ
ସକାଳଠୁ ପୁଣି ଭୋର ହେବା ପର୍ଯ୍ୟନ୍ତ

ଭଣିତା

ଭଣିତା କରିବି କୋଉ ଗୀତର
ଯାହା ଲେଖା ହେଇ ସାରିଛି
ନା ଲେଖା ହେବାର ଅଛି ?

ନଈ; ପଥର ପାହାଡ଼ ଠି ଅଟକି ନ ଯାଇ
କେତେ ବାଙ୍କ ବୁଲାଣି ଦେଇ
ମାଡ଼ି ଯାଉଚି ଆଗକୁ
ତା କଥା, ନା ସଜନା ଗଛର ନହକା ଡାଳରେ
ଖସି ପଡ଼ିବାକୁ ଅପେକ୍ଷା କରି ବସିଥିବା
ମାଙ୍କଡ଼ ପିଲାର
କାହା କଥା ଲେଖା ହେବ ?

ପାହାଡ଼ ସବୁର ନାସିଗୁଡ଼ାକ
ଯେତେ ଲଗାଲଗି ଥିଲେ ବି
କେତେ ଅଲଗା ଦିଶୁଚି ଦୂରକୁ !
ଯାହା କହିବା କଥା କହି ହେଉନି
ଅଥଚ ନ କହିବା କଥାସବୁ
ଏଣୁ ତେଣୁ ଅବାନ୍ତର କହି ହେଇ ଯାଉଚି ।

ଦାରୁ ତ ନାଇଁ ଦିଅଁଙ୍କ ପାଇଁ ବି
ଛ' ଖଣ୍ଡ କାଠ କଥା
ପଚାରୁଚି କିଏ ?
ଖାଲି ଜାଗା ନାଇଁ ଅଗଣାରେ
ଯୋଉଠି ଛାଇ ପଡ଼ିବ ଆକାଶର ।
ନଡ଼ିଆର କୋଉ ଶିରାରେ ପାଣି ଯାଉଚି
କହିବ କିଏ ?
ବିପରୀତ ବୁଦ୍ଧି ଆସିଗଲାଣି
ବିନାଶ କାଳ ଉପସ୍ଥିତ ହୋଇଗଲା କି ?

ସଜନାଗଛରେ
ଆଞ୍ଚୁଡ଼ା ଦାଗ ବିଲେଇର
କୋଉ ଗଛ କୋରଡ଼ରେ
ଲୁଚେଇବି ଧନୁ ଓ ତୂଣୀର ?

କି କଥା କହିବି କୁହ
ଭଣିତା କରିବି ଏବେ କୋଉ ଅବା
ଅଲେଖା ଗୀତର ?

ବାଟହୁଡ଼ା

ଗାଆଁମୁଣ୍ଡ ନଣ୍ଡା ପାହାଡ଼ଟା
ଆବୋରି ରଖୁଛି ଅନେକ ବେଳ
ଏଇ କିଛିଦିନ ହବ
ତା'ରି କୋଚିଲା ମୂଳରେ
ପାଉଁଶ ହେଲା
ବାପାଙ୍କର ଅନାସକ୍ତ ଦେହ।

ସବୁ ଉଜେଇଁ ଦେଇ
ପୋଖରୀ କୂଳକୁ ଆସିଲାବେଳକୁ
ଠିଆ ହେଇଥିଲା ଉଦାସ ପବନ
ପାଣିର ଚଟାଣ ଉପରେ ।
ରାସ୍ତାସବୁ
ଗୋଡ଼ ଧୋଉଥିଲେ ପାଣିରେ।

ସେ ନାହାନ୍ତି ଯେହେତୁ
ରାସ୍ତା ହୁଡ଼ିବା ନିଶ୍ଚିତ
ଖାଲି ବଡ଼ ବଡ଼ିଆଙ୍କୁ
ଅନ୍ଧାରେ ଆସି ଆଲୁଏ ଯା'; କହୁଥିବା

ବାଟ ଦେଖେଇବା କ'ଣ
ଆମେ ନିଜେ ତ ହୁଡ଼ି ଯାଇଛେ ।

ମନ୍ଦିର ବେଢ଼ା
କାଠଚମ୍ପା, ଟଗର ଗଛର ଫୁଲସବୁ
ତଳେ ପଡୁଛି
ଶବଭଳି
ଟୋଳି ନେବାକୁ କବିଟି ନାହିଁ ଯାହା !
ଆମର ବହୁକଥା କହିବାକୁ ଇଚ୍ଛା
ଯେମିତି ସାପ ମାରିବା
ଅଥଚ ବାଡ଼ି ଭାଙ୍ଗିବାନି ।
ପାଣିଧାର ଆଗରେ
ପଥର ଖଣ୍ଡେ ଡେରିଦେବା
ଅଥଚ ପାଣିକୁ ଅଟକେଇବାନି ।

ବାହୁଡ଼ିବା ବାଟ
ଜଣାଅଛି କି ତାଙ୍କୁ, କବିଙ୍କୁ ?

ସତରେ କିଏ ଯାଏ ନା ଆସେ
ଯିବା ଫେରିବା ଯଦି ସବୁ ସମାନ
ତେବେ କିଏ ବା କାହିଁକି ବାଟ ହୁଡ଼ିବ ?

ତା' ଛଡ଼ା

ଗୋଟିଏ ଶୂନ୍ୟକୁ
ବୁଝିବାକୁ ଗଲାବେଳକୁ
ସାରାଜୀବନ ନିଅଣ୍ଟ ପଡ଼େ
ସେଇଥି ପାଇଁ
କେତେ ଜନ୍ମ ଯେ ଲୋଡ଼ା
ତାକୁ ହିଁ ଜଣା ।

ଆକାଶ ଗୋଟାକ ଯାକ
ଶୂନ୍ୟତାର ଗୋଟାଏ ଜାଲ
କୋଉଠି ଅଛି ?
କୁଆଡ଼େ ଯିବି ମୁଁ ?

ଫାଟ ବାହାରେ
ଗହନ କାନନରେ
ଗୋଟିଏ ଶୂନ୍ୟତା ପାଇଁ
ଆମର ଏତେ ବ୍ୟସ୍ତତା
ସେ'ତ ଦୁଇଟି ଶୂନ୍ୟର ଅଧିକାରୀ

ହାତ ଗୋଡ଼ ନଥିଲେ କ'ଣ ହବ
ଠିକ୍‌ବେଳେ
ଫାଟକ ଡେଇଁ
ସେ ପହଞ୍ଚି ଯିବ ଆମ ଆଗରେ।

ସେ ଅଛି ଏଇଠି କୋଉଠି
ଆମ ପାଖରେ
ନା ସୁଦୂର ଦୂରରେ ?

କାହା କଥାକୁ
କାନ ପାରିବି
ତା' ଛଡ଼ା ?

ସିଂହାସନରେ ଉଇ ଲାଗିଗଲାଣି
ଏବେ କୃପାସିନ୍ଧୁ ବଦନକୁ
ଅବଲୋକନ କରେଇବ କିଏ ?
ଫାଟକ ଡେଇଁ
କିଏ ଆସିପାରିବ
ତା'ଛଡ଼ା ?

ପାଖରେ କେହି ନଥିବେ

ବର୍ଷାର ଗାର ଭିତରୁ
ଜହ୍ନ କେମିତି ନିଆରା ଦିଶେ
ଆମର ସବୁ
ଖଣ୍ଡିଆ ଖାବରା ଠାକୁରଙ୍କ ଭଳି ।

ସମସ୍ତେ ଲାଗି ଯାଇଛନ୍ତି ଯେଝା କାମରେ
କୋଉ କଥାରେ କିଏ ହେଲେ
ଜଡ଼ିତ ହବାକୁ ଚାହାନ୍ତି ନି
ଜଡ଼ି ବୁଟୀରେ ମିଳନ୍ତି ନି ଜନାର୍ଦ୍ଦନ
ଯନ୍ତାରେ ପଡ଼ିଲେ ସମସ୍ତଙ୍କର
ଅକଲ୍ ଗୁଡ୍ଡୁମ୍
ଫରିଆଦ୍ ପାଇଁ ବେଳ କାହିଁ ?

ବର୍ଷା ମାଡ଼ରେ
ଜହ୍ନ ପିଠିରେ ନୋଳା ଫାଟୁଥାଉ
ବିଶ୍ୱକର୍ମା ବିନା
ଠାକୁରମାନେ ସେମିତି

ଖଣ୍ଡିଆ ଖାବରା ହୋଇ ପଡ଼ିଥାଆନ୍ତୁ
ଫୁଲ ସେମିତି ସଜୁଥାଉ
ଡାଳ ସନ୍ଧିରେ ।

ବଜାର ମାନ୍ଦା
ନିଅଣ୍ଟିଆ ବଜେଟ୍‌ରେ ଗାଡ଼ି ଚାଲିଚି
କିନ୍ତୁ ନିଆଳି ବଜାରରେ
ନିକମା କେହି ନାହାନ୍ତି
ନିଘା ରଖିବାକୁ ହବ ଚାରିଆଡ଼କୁ
କେବେ କିଏ
ନିଜଞ୍ଚାଳି ହୋଇ ପାରିଚି କି
ଜୀବନ ଯାକ ?

ଦଳେ ବାହାରି ଥିବେ
ଆଉ ଦଳେ ଆସିବେ
କାହା ସହିତ ଶତ୍ରୁତା କରିବ ?
ପାଖରେ କେହି ନଥିବେ
ଶବ୍ଦଟିଏ କି ଅର୍ଥଟିଏ ?

ବାଟ କଢ଼େଇବା ଲୋକ

ବେଳ ଗଡ଼ିଗଲା ବେଳକୁ
ଘଣ୍ଟା ପଡ଼ିବା
ସାପ ଫଣା ଛାଇରେ
ବେଙ୍ଗ ବସିବା ସାଙ୍ଗେ ସମାନ।

କଥା ହଉ ହଉ
କୋଉଠି କିଛି
ଗଡ଼ବଡ଼ ହେଇଯାଏ ଯେ
ହବା କଥା ବିଗିଡ଼ି ଯାଏ
ଧନୁର୍ଦ୍ଧର ବି ହାର୍ ମାନେ
ଯୁଦ୍ଧ ଆରମ୍ଭ ପୂର୍ବରୁ।

ଘୁମେଇ ପଡ଼ିବାରେ
କ୍ଷତି
କାଦୁଅ ଚକଟିବାରେ।
ବାହୁଡ଼ିବା ବାଟ ଜଣା ଥାଉ କି ନ ଥାଉ
କିଏ ଅମାନ୍ୟ କରିବ ତା' କଥାକୁ?

କୁଶଭଦ୍ରା ପ୍ରାଚୀ ନଈର
ପର ଆପଣା ନାଇଁ
ପାଣି ଚଢ଼ିଗଲା ବେଳେ
କିଏ କାହାକୁ ଊଣା କି ?
ପ୍ରତୀପ କୋଣ ପରସ୍ପର ସମାନ ଯେ !

କଥା ପଦକ ହୁଡ଼ିଗଲେ
ବାଟ ଚାଲିବାକୁ ପଡ଼ିବ
ଖଣ୍ଡା ଦାଢ଼ରେ
ପୁରୁଷେ ଲାଗିଯିବ କି କ'ଣ
କିଏ କହିବ ?

ଆଖୁ କିଆରିରେ ପଶିବା ମାନେ
ଆଣ୍ଠେଇ ପଡ଼ିବା ସାର
ଅବସ୍ଥା ଯେତେବେଳେ ବାରଣ୍ଡା ଦି'କଡ଼ା
ଉପ୍ରୋଧ ରଖିବ କିଏ ?

କଥା ଏମିତି ଓଲଟି ଯିବ ବୋଲି
କିଏ ଜାଣିଥିଲା ଯେ
ସାବଧାନ ହେଇଥାଆନ୍ତା ଆଗରୁ ?

କେମିତି ଦିଶିଯିବ ସବୁକଥା
ବାଟ କଢ଼େଇବାକୁ
ଲୋକଟିଏ ଥିଲେ ତ ?

ଏମିତି କିଛି ଘଟିଯିବ

ଏମିତି କିଛି ଘଟିଯିବ ବୋଲି ଆଗରୁ ଲାଗୁଥିଲା
ଲାଗୁଥିଲା ଫାଟକ ପାଖରୁ କିଏ ଫେରିଯିବ
ଛିଡ଼ି ପଡ଼ିବ ଆମ୍ବଡାଳରେ ପେଟେଇ ପଡ଼ିଥିବା
ଅପରାଜିତା ଡଙ୍କ
ପୂର୍ବାପର ପ୍ରସଙ୍ଗ ଅଭାବରୁ
ଅସାର ଲାଗିବ ପର୍ବତ ସାନୁର ଜହ୍ନରୁ
ଫେରି ଆସୁଥିବା ସୋରାଏ ଆଲୁଅ ।

ଫେରିଯିବା ଲୋକକୁ ଅଟକେଇ ପାରିବ କି ?
ଅଟକେଇବାକୁ ବା କେତେଦୂର ଅଟକା ଯାଇପାରେ
ମତେ ଜଣା ନଥିଲା ଯେ ଫେରିଯିବାକୁ ହବ ସବୁଥର
ଏମିତି କି କିଛିକାଳ ହେଲେ ବି ରୋକି ପାରିବନି
ଫୁଲଟିଏର ବାସ୍ନା; ଅବିନଶ୍ୱର ।

ପୁଣି କେବେ ବା ଆସିବାକୁ ପଡ଼ିବ
ଭିତରେ ସାପ ଲୁଚିଥିବା ଫଳଟିଏ ଧରି
ଠିଆ ହେବାକୁ ପଡ଼ିବ ପାଚେରି ଆରପଟେ

ହାତ ରଙ୍ଗେଇବାକୁ ଥିଲେ ହରଗଉରା ଫୁଲରେ
ଗୋଇଠି ଖଣ୍ଡିଆ କରିବାକୁ ଥିଲେ କଣ୍ଟାବାଡ଼ରେ।

ପାଣିକଳସ ଧରି କିଏ ଲେଉଟିବ
ଯଦି କାହାର ଲେଉଟିବାର ନାହିଁ
ବାହୁଡ଼ିବା କଥାକୁ କିଏ ପଚାରୁଚି
ଯଦି ଯିବା ଫେରିବା ସବୁ ସମାନ ।

ଫାଟକଠୁ ଲେଉଟି ବାଡ଼ ପାଖରେ ଠିଆ ହେଇଛ ତ
ଟିକିଏ ରୁହ, ହେଇ ଦୁଆର ମୁହଁରେ ହେଲିଣି
ଲୁଗା ଶୁଖୁଚି ତାରରେ, ଘରକୁ ଯିବ
ପିଲେ ଟେକା ପକଉଛନ୍ତି ଆମ୍ବଗଛକୁ
ଜଗିବାକୁ ପଡ଼ିବ।
ଘରେ ବହୁତ କାମ ବାକୀ ପଡ଼ିଛି।
ପଡ଼ିଥାଉ ପଛକେ, ସବୁ ଯଶ କୀର୍ତ୍ତିକୁ ଉପେକ୍ଷା କରି
ଯିବାକୁ ହବ । ଦୂରରେ ପଡ଼ିଥାଉ ଘର ।

ଅବସର

ଅବସର ପରେ ଖୁବ୍ କାର୍ଯ୍ୟବ୍ୟସ୍ତ
କେତେବେଳେ ପିମ୍ପୁଡ଼ିମାନଙ୍କ ସହିତ କଳି ତ
କେତେବେଳେ ଗେଣ୍ଡା କଙ୍କଡ଼ାଙ୍କ ସହିତ ବୁଝାମଣା
ପୁଣି କେବେ ବାଡ଼ି ଅଗଣାରୁ
ପିଜୁଳି ବରକୋଳି ଖାଇଯାଉଥିବା
ବାନର ମାନଙ୍କ ସହିତ ବଚସା ।

ମୋର ଏମିତି ଜଂଜାଳିଆ ମୁହୂର୍ତ୍ତରେ
ଖଳାବାଡ଼ି କଳେଇ ଗଦା ଉପରେ
ଜହ୍ନ ତାର ହସିବାରେ ଲାଗିଚି ।
ଠାକୁରେ ସେମିତି ଖଟୁଲିରେ ବସି ବସି
ପୂଜା ପାଉଛନ୍ତି ଆଗଭଳି ।
ପହିଲି ହଳ ନେଇ ବିଲକୁ ଯାଇଚି ଯେ
ବେଳ ଆସି ମୁଣ୍ଡ ଉପରେ ହେଲାଣି
ହେଲେ ଛୋଟ ପଣତ ସବୁ ଆଡ଼ିକି ନିଅଣ୍ଟ ତ
କ'ଣ ଆଉ କରାଯିବ ?

ତେବେ କାହିଁକି କେଜାଣି
ନ ଚାହିଁବା କଥା ଚାହିଁ ହେଇ ଯାଉଚି
ନ କହିବା କଥା କହି ହେଇ ଯାଉଚି ଆପେ ଆପେ।

ଭଙ୍ଗା ଡାକ ବାକ୍ସରେ ଚିଠି ପଡ଼ିଚି କୋଉଦିନୁ
ଗଣ୍ଠି ଫିଟିନି ବୋଉ କାନିର
ସେ କଥା ପକେଇ ଲାଭ କ'ଣ ?
ବାଟ ସରି ଆସିବାକୁ ବସିଲାଣି
କାହାର ଟେକ ରହିଚି ଯେ ମୋର ରହିବ।

ଖାଲି ପଡ଼ିଚି ବଗିଚାଟା ଯେ ମାଳି ନାହିଁ
କୋଉଠି ଖାଲି ମାଳି ଅଛି ତ ବଗିଚା ନାହିଁ
କୋଉଠି ବଗିଚା ଅଛି ତ ଫୁଲ ନାହିଁ
ସବୁ ନାହିଁ ନାହିଁ ଭିତରେ
କୋଉ ହିଁ ଟିକୁ ଏବେ ଖୋଜା ପଡ଼ିଚି ଯେ ?

ସେଇ ବାଡ଼ି ଅଗଣାରେ ବୁଢ଼ାର ବସାଣ
ପୂର୍ବ ପୁରୁଷଙ୍କ ସହ ବନ୍ଧୁତା
ସବୁ ଅବୁଝାପଣରେ ବୁଝାମଣା
ସେଇ ପକ୍ଷୀ ଧରାଳି ଶିକାରୀ ଜାଲରେ ପତନ
ସେଇ ପୁରୁଣା କଥାର ପୁନରାବୃତ୍ତି ।

ଅବସର ପରେ ମୁଁ ଏବେ
ଗୋଟେ ନୂଆ ବାଟର ବାଟୋଇ
ମତେ ତେବେ କୋଉଠିକି ଯିବାକୁ ହେବ ?
ଯୋଉଠିକି ଏ ଯାକେ କେହି ଯାଇନାହାନ୍ତି
ନା ଯୋଉଠିକି ସମସ୍ତେ ଶେଷବେଳକୁ ଯାଆନ୍ତି ?

ଆମେ ସବୁ

ଗଲା ଚାଳିଶ ବର୍ଷ ହେଲା
କେତେ କଥା କହିଯାଇଚି
କିନ୍ତୁ ଯୋଉ ନ କହିବା କଥା
କହିବା କଥା
ତାକୁ କ'ଣ ଏ ଯାଏ କହିପାରିଚି ?

ବେଳେ ବେଳେ ଭାବିଛି
ସବୁକଥା କହିସାରିଛି
ସେ ଲୋକଟିକୁ ଦେଖି
ତାକୁ ଜାଣି ପାରିଚି ବୋଲି
କିନ୍ତୁ ସତସତିକା ଦେଖିଲା ବେଳକୁ
କିଛି ହେଲେ କହିପାରିନି
ସେ ଜଣାଲୋକଟିକୁ
ଚିହ୍ନିବାକୁ ଗଲା ବେଳକୁ
ସେ ଲୋକ ତ ସିଏ ନୁହେଁ !

ଏବେ ସବୁଆଡ଼ ମୁକୁଳା
ଲୁଚାଛପା କିଛି ନାହିଁ

ଖାଲି ପଡ଼ିଆର କଣ୍ଟାବୁଦାଟାରେ
ଗୁଡ଼େଇ ହେଇଯାଇଛି ଅନାବନା ଲଟା
ପଡ଼ିଆକୁ ଲାଗି ନଈଟିଏ
ବିଚରା ନାଉରିଆ
ନଈପାର କରି କରି ବୁଢ଼ା ହେଇଗଲାଣି
ତା'ର ବିଶ୍ୱାସ କାଳେ
ଗୋଟେ ଅଲଗା ଲୋକ ଅଛି
ନଈ ଆରପାଖରେ ।

ନଈରେ ଗାଧୋଇ ପଡ଼ିଲେ
ଧୋଇ ହେଇଯାଏ
ସବୁ ମଇଳା
ଚମ ମାଂସ ଅସ୍ଥି
ସବୁ ଉତାରି ପକେଇଲେ
ଯାହା ବଳକା ରହିଯାଏ
ତା'ପାଇଁ ଦରକାର ପଡ଼େନି
ଧରା କି ଧରତୀ ।

ଆସ୍ତେ ଆସ୍ତେ ସବୁ ଘୁଞ୍ଚି ଯାଉଚି
ଲିଭି ଯାଉଚି ଧୀରେ ଧୀରେ
ସବୁକଥାକୁ ଜଳାଂଜଳି ଦେଇ
କ୍ରମେକ୍ରମେ ଅକାଳ କୁଷ୍ମାଣ୍ଡରେ କ'ଣ
ପରିଣତ ହେଇ ଯାଉଚେ ଆମେ ସବୁ ?

ଫେରିଯିବା

ସବୁ ଦେଖି ପାରୁଚ ବୋଲି କହୁଚ ଯେ
ସତରେ କ'ଣ ଦେଖି ପାରୁଚ ? କିଛି ଦେଖୁନ ।
ଯେମିତି ପତ୍ରଟିଏ ଝଡ଼ି ପଡ଼ିଲେ
ସେ ଗଛର ନୁହେଁ
ଗଛ ନାଁ ରେ ଖାଲି ଚିହ୍ନାପଡୁଥାଏ ସିନା।

କାନ୍ଥ ଭୁଷୁଡ଼ି ପଡ଼ିଲା ପରେ
ଲିଭିଗଲା ଜଳନ୍ତା ଦୀପ
ଖାଲି ପଡ଼ିଲା ଘର
ଜଣା ପଡ଼ିଗଲା ଯେ ବରକୋଳି ଗଛ
ଚଢ଼େଇ ବସାରେ ପାଣି ପଶିବ
ଭୁଆ ଗଛ ଚଢ଼ି
ଛୁଆମାନଙ୍କୁ ହର୍‌କତ କରିବ

ଯେମିତ ଆଗରୁ ସବୁ ଠିକ୍ ହେଇ ସାରିଚି
ଯେ ଆମେ ପରସ୍ପର ପାଖରେ ଅଛେଁ
ଅଥଚ ନିକଟତର ହେଇ ପାରୁନେ

ବିଶ୍ୱାସଟିକୁ କୋଉ ଗଛ କୋରଡ଼ରେ ଛାଡ଼ି
ଗୋଡ଼ ବଢ଼େଇ ଦେଇଚେ ଆଗକୁ

କୁଆଡ଼ିକି ଯିବା ନ ଜାଣି ସୁଦ୍ଧା
ଆମେ ଚାଲୁଥିବା ମନେ ନ ପକେଇ
କୋଉଠି କ'ଣ ରଖି ଦେଇଚେ ବୋଲି
ଏମିତି ଚାଲୁଚାଲୁ ଓଦା ମାଟିରେ କାଳେ
ଲାଖି ଯାଇଚି ମଧୁମାଳତୀର ଡଙ୍କ
ଛାଇ ବୁଲିଯାଉଚି ସଜନା ଗଛର ଚାରିପଟ
କାଳେ କହିଯାଉଚି
ଅବାଟ ନୁହେଁ ଦିଶୁ ନଥିବା ସବୁ ବାଟ।

ଆଗ ମୋଡ଼ ବୁଲିଲେ ଆହୁରି
ବାକୀ ପଡ଼ିଚି କେତେ ବାଟ
ଏବେ କି ଲୋଡ଼ା ପଡ଼ିଚି କି
ବିପଥଗାମୀଙ୍କୁ
ପଥ ପଚାରିବାରେ
କି ଲାଭ ଅଛି ମାଙ୍କଡ଼ ଖାଇଯିବ ବୋଲି
ସପୁରୀ ଗଛକୁ ଅଖା ଘୋଡ଼େଇବାରେ ।

ନାଳବନ୍ଧରେ ଦିଶିଯାଉଚି କାହାର ପିଠି
ଯେମିତି କୋଉକାଳୁ ଅପେକ୍ଷା କରିଥିବା
ସେଇ ଲୋକଟାର ଭଳି
ଚଢ଼େଇଟିଏ ତା ବସାରେ ଆସି ପହଞ୍ଚିଗଲାଣି
ନା କୋଉଠି କ'ଣ ଛାଡ଼ି ଆସିଚି ବୋଲି
ବାହାରି ପଡ଼ିଲାଣି ଫେରିଯିବାକୁ ?

ଅନ୍ତରଙ୍ଗ

ଗଛମାନଙ୍କର ଡାଳପତ୍ରସବୁ ଚିରିଗଲା
କାଗଜଭଳି ଗଲା ମହାବାତ୍ୟାରେ
ଗୁଡ଼ାଏ ଦିନ ବିତିଗଲା ପିନ୍ଧା ଲୁଗାର
ଦାଗ ଲିଭେଇବାରେ ।

ଅଧେ ବା ଚିରୁଡ଼େ ଜହ୍ନ ମୁହଁରୁ
ପୋକ ଆଞ୍ଚୁଡ଼ା ଦାଗ ଲିଭଉ ଲିଭଉ
ରାତି ପାହିଗଲା । ଗଲା ମହାବାତ୍ୟାରେ
କେତେବେଳେ ଯେ ପାରାଦୀପରୁ ହଜିଗଲେ
ସବୁଯାକ ପାରା
ଏବଂ ଜଗତ୍‌ସିଂହପୁରରୁ
ସବୁତକ ସିଂହ
ଜାଣିହେଲା ନି ।

ପୁଣି ପୃଥିବୀ ଆମର
କୋଉ ଆଡ଼ିକି ଅଣେଇ ପଡ଼ିବାର ଅଛି
ଶଙ୍ଖଚିଲ ଡେଣାରେ ମାଛି ବସିବାର ଅଛି ।

ମୁଁ ଜାଣିଥିଲି ହଁ ନା ଦି'ଟା କଥା
ତା ଭିତରେ ଯେ
ଏତେ ବ୍ୟବଧାନ କାହାକୁ ଜଣା ?

ମୋ ଭାଗ୍ୟରେ ନାହିଁ ଜିତିଯିବା
ହାର୍ ମାନିବାକୁ ମୁଁ ପ୍ରସ୍ତୁତ ନୁହେଁ
ତେବେ ପଣ୍ଡିତଙ୍କ ପରି ସୁନା କଙ୍କଣ ପାଇଁ
ପଙ୍କରେ ପଶିଯିବାକୁ ପଡ଼ିବ ନା କ'ଣ ?
ହଁ ନା ନିଷ୍ପତ୍ତି କ'ଣ ଏଡ଼େ ସହଜ ?

ଯେତେ ଯାହା କୁହାଯାଉ ପଛେ
ମିଛକଥା ସବୁବେଳେ ସୁନ୍ଦର
ନଡ଼ିଆ ବାହୁଙ୍ଗାକୁ
ଆଉଁଷୁଥିବା ବୁଢ଼ୀ କ'ଣ ଅସୁନ୍ଦର ?

ବେଳ ପଡ଼ିଲେ କେତେ କ'ଣ ଘଟି ଯାଉଥାଏ
ଉଡ଼ିବା ଆଗରୁ ଖସି ପଡୁଥାଏ ଚଢ଼େଇର ଡେଣା
କଦଳୀ ପତ୍ରରୁ ଗୋଡ଼ ଖସି ଯାଉଥାଏ ଜହ୍ନର
ତୁଟି ଯାଉଥିବା କଥାରେ ଗଣ୍ଠି ପଡୁଥାଏ ପୁଣି ଥରେ
ସରି ଯାଉଥିବା ବାଟ ପୁଣି ଆସି
ଠିଆ ହେଇଯାଉଥାଏ ଆଗରେ
ଆସୁଥିବା ଅର୍ଥଟି ଓର ଉଣ୍ଡି
ଖସି ଯାଉଥାଏ ଶବ୍ଦର
ସମୟ ବଦଳିଲେ ଅସ୍ତହେଇ ଯାଉଥାଏ
ରଙ୍ଗସବୁ ଅସ୍ତରଙ୍ଗର ବି ।

କବିତା ବୋଧେ ଜାଣିପାରେ

କବିତା ଲେଖା ଚାଲିଚି
ଚାଲୁ ଚାଲୁ
କୋଉଠି ଯେ ଅଟକିଯିବ
ତାକୁ ହିଁ ଜଣା
ଯେହେତୁ ତାର ଶବ୍ଦସବୁକୁ
ସେ ହିଁ ଆମକୁ କହିଚାଲିଥାଏ ।

ତା' ପାଖେ ହିଁ ସମ୍ଭବ
ସବୁ ନାଆଁକୁ ଗୋଟିଏ ନାଆଁରେ
ଶହ ଶହ ବର୍ଷକୁ ଗୋଟିଏ ମୁହୂର୍ତ୍ତରେ
ଥୋଇ ପାରିବା ।

ସେ ତା'ର କହିବା କଥା କହିଚାଲିଛି
ଯାହା ଆମେ ଏ ଯାଏ କହି ପାରିନେ
କିମ୍ବା କହିବା ବୋଲି ପ୍ରସ୍ତୁତ ହଉଛେ ।
ଆଖି ତୁଠରେ ଚାହାଣୀ

ପଣସ ଡାଳର ଚଢ଼େଇ
କି କୋଉ ଔଷଧାଳୟର କାମେଶ୍ୱର
କେତେବେଳେ କୋଉକଥା ଲୋଡ଼ା
ତାକୁ ହିଁ ଜଣା ।

ଖାସା ପାଇଟିରେ ପକେଇଲା ଯେ
ତକେଇବାକୁ ପଡ଼ିବ
କୁଶପାତ୍ରୀ ଧରି ତର୍ପଣ ପାଇଁ
ଯଜମାନ ଭଳି ପୁରୋହିତଙ୍କୁ ।

ଶିଶୁ ଚେରରେ
ହେମକେଦାର ପତ୍ର ଦାଢ଼ରେ
ଗଛ ଉଠିବା
ଜାଣି ପାରନ୍ତି ସେମାନେ ।

କବିତା ବୋଧେ ଜାଣିପାରେ
ସେ ଲେଖାହେବ କି ନା
ଅର୍ଥ ହେଉ କି ଅଣଅର୍ଥ
ସେ ଜାଣେ
ବୁଝା ପଡ଼ିବ କି ନା ।

ଗଲାକଥା

ଗଲାକଥା ତ ଗଲାଣି
ଜାଣି ରଖି ଥା
ଆଉ ଏରୁଣ୍ଡି ଡେଇଁ ହବ ନି
ଗଣ୍ଠି ଫିଟି ଯିବନି
ଆପଣାଛାଏଁ
ହଜି ଯାଇଥିବା କଥାର ।

ଜହ୍ନ ଆଲୁଅ ପଡୁଥିବ
ନଈ ପଠାରେ
ନଈ ସୁଅ ବୋହି ନଉଥିବ
ଯେତେସବୁ ଖ୍ୟାତି ଅଖ୍ୟାତିକୁ
ଆମ ଜାଣତର ବାହାରେ !

ସେଥର ବାଟ ହଜିଗଲା
ଅବାଟରେ
ସବୁ ବିଘ୍ନ ଘଟି ଯାଇଥିଲା
ଆରମ୍ଭରୁ

ଗାଡ଼ି ଧରିବାକୁ ଗଲାବେଳକୁ
ସେ କେବେଠୁ
ଛାଡ଼ି ସାରିଥିଲା ଷ୍ଟେସନ
ରାତି ଅଧରେ
ଘରକୁ ଫେରିଲା ବେଳକୁ
ତାଲା ଝୁଲୁଥିଲା କବାଟରେ।
ସବୁତକ ଘଟଣା
ଏମିତି ଘଟିଗଲା ଯେ
ଜଣା ପଡ଼ିଲାନି କ'ଣ ସବୁ
ଘଟି ଯାଉଚି ବୋଲି ।

ଗଲା କଥା ତ ଗଲାଣି
ଖାଲି କଷ୍ଟ ଟିକେ
ବଳେଇ ପଡ଼ିବାରୁ
ତମକୁ ପଚାରି ଦଉଚି ଯାହା
ତମ ଛଡ଼ା କିଏ ବା ସମ୍ଭାଳିବ
ଏ ଅନର୍ଥମାନଙ୍କୁ ।

ପାଚେରି

ରାତିର କର ଲେଉଟେଇବା ଆଳରେ
ଅନ୍ଧାର ଘେରି ଯିବାକୁ ବସିଚି
କାହିଁରୁ କ'ଣ ପାହାଡ଼ଟାକୁ ।

ଘର ଚାରିପାଖେ
ପାହାଡ଼ ଭଳି ପାଚେରିଟେ
ତିଆରି ହେଇଗଲା ପରେ
ଛୋଟ ହେଇଗଲା 'ମୁଁ'
ଏକୁଇ ଛୋଟେଇବା ପାଇଁ
ପାଚେରିଟିଏ ଲୋଡ଼ାଥିଲା ଯେମିତି ।

କାଉ ଖୁମ୍ପିବାରେ ଲାଗି ପଡ଼ିଚି
ବାଟୋଇର ଗଣ୍ଠିଲିଟିକୁ
ଓସ୍ତ ଡାଳ ଖଣ୍ଡେ
କିଏ ଭାଙ୍ଗିଭୁଙ୍ଗି
ପକେଇ ଦେଇ ଯାଇଚି
ଯେମିତି ଖାଇବା ପାଇଁ ଘରମଣିର ।
ପିଛା ଛାଡ଼ିବା ନାଁ ଧରୁନି

ଏଇ ଅଣସରା ବାଟ
ଛକ ଉପରେ ହାତ ଟେକି
ବାଟ ଓଗାଳିଲେ ବି
ପୁଣି ଲାଗିଯାଉଚି ପଛକୁ ।

ଗୋସେଇଁ, ଏଥର କୁହ:
ପାହାଡ଼କୁ କିଆଁ ଅନ୍ଧାର ଗ୍ରାସିଲା ?
ପାଚେରିଟିକୁ ତିଆରି କଲା କିଏ ?
ଗଣ୍ଠିଲିଟିକୁ କାଉ ଖୁମ୍ପୁଚି କାହିଁକି ?
ଓସ୍ତ ଡାଳଟିକୁ କିଏ ଭାଙ୍ଗିଲା ?
କୋଉ ବାଟ ସିଏ,
ଯିଏ ପିଛା ଛାଡୁନି ଜମା ?

ଏସବୁ ପ୍ରଶ୍ନର ଉତ୍ତର ଦିଅ
ଗୋସେଇଁ
ନ ହେଲେ ପୁଟୁଳି ବାନ୍ଧିଲି
ତୁମେ ଏଇ ଅଧାବାଟରେ ଥାଅ ।

ରହସ୍ୟ

ଲମ୍ବା ସଡ଼କ ଉପରେ
ବାଟ ଖୋଜୁ ଖୋଜୁ
ହୁଏତ ଜାନ୍ ଚାଲିଯିବ
ଆମେ କାଳେ ପୁଣି ଫେରି ଆସିବା
ଅଲଗା ରୂପରେ ହେଉ ପଛେ

ସେତେବେଳେ
ନିଜକୁ ନିଜେ ଚିହ୍ନିପାରିବା ତ ?

ଆଗରେ ଏତେବଡ଼ ଗଛ
ଯାହା କଟା ହେଉଥିବାର ଦେଖିବାକୁ ପଡୁଛି
ତାର ଡାଳପତ୍ର ଶୁଖି ଶୁଖି ଯାଉଛି
ଶୁଖି ଶୁଖି ଯାଉଛି କାଳ

ନଈରେ ଭସେଇ ଦେଇ ଆସିଲି
ବାପାଙ୍କର ଅସ୍ଥି ଆଶା ବିଶ୍ୱାସ
ଅନୁଭବ ଶବ୍ଦ ସବୁଖୋଲାପଣିଆ

ପକ୍ଷୀ ଉଡ଼ିଗଲା ତା' ବାଟରେ
ଯୋଉଠି ବସିବା କଥା ବସିଲାନି ।

ଭାଙ୍ଗି ଯାଉଛି ମୁଁ ଖୋଜୁଥିବା ଘର
ପବନ ଦୋହଲେଇ ଦଉଛି
ଦର ପାଚିଲା ବାଳ,ମୁଣ୍ଡର
ସବୁ ଠିକ୍ ଚାଲିଛି
ଅଥଚ ଗଢ଼ା ହେଇ ପାରୁନି ଘରଟି
ରାତି ସରିଯାଉଚି ତା' ଭଳି
ଲିଭେଇ ଦଉଚି ସବୁ ଗାର
କାକର ପଡୁଚି ଡାକ ବାକ୍ସରେ
ବାଡ଼ କଡ଼ରେ ରାତି ଲୁଚେଇ ଦଉଚି
ଗଛର ଚେହେରା
କେହି କାହାଠୁ ଊଣା ନୁହେଁ
ଶଙ୍କରାଭରଣ
କି କଳହଂସ କେଦାର

ଜୀବନ ଯାକ
ମତେ ଦିଆଯାଇଥିବା
ଅଙ୍କ କଷି ଚାଲିଚି
ହେଲେ ତାର ରହସ୍ୟ କ'ଣ
ମତେ ଜଣା,
ତାଙ୍କ ଭଳି ?

କୋଉଠି କେମିତି

ଏଇ ଯିବା ଆସିବା ବାଟରେ
କୋଉଠି ଟିକେ ଅଟକି ଗଲେ
ନିଜେ ଦେଖି ପାରିବ
ଫୁଲଗଛ ଆଉ ମରିବନି
କି କଥା କେବେହେଲେ ସରିଯିବନି ।

ଜଙ୍ଗଲଗା ଟିଣ ବାକ୍ସ କଣା ହେଇ ଯିବ
ଟାଙ୍କି ଖୋଲି ହେଇଯିବ
ପାଣି ଫେରିଯିବ ନଈକୁ
ହୁଏତ ପୁଣି ଲେଉଟିବାର
ସମ୍ଭାବନାଟିଏ ଦେଇଯାଇପାରେ ।

କିଏ କହୁ ବା ନକହୁ
କବିତା ଆଉ ବୁଝି ହବନି ଆଗଭଳି
ଭଙ୍ଗା କବାଟ ପାଙ୍ଗରେ
ସବୁ ଅପଦସ୍ଥର ପଛକଥା
ଆଉ ଲୁଚେଇ ହବନି କେବେହେଲେ ।

ଆମେ ଚାଲୁଥିବା ଆମ ବାଟରେ
ବିଡ଼ମ୍ବନା ଯେ
ବୁଢ଼ା କନିଅର ଗଛ
ଦେଉଳ ମୁହଁରେ
ଠିଆ ହେଇ ହେଇ
ସେମିତି ଶୁଖୁଥିବ ବିଚରା ।

ଧାନକଟା ସରିଗଲାଣି
ବେଶ୍ ଆସିଗଲାଣି ଖରା
ଅରାଏ ଲେଖାଏଁ
ଚନ୍ଦ ହେଇଗଲାଣି ବଣବିଲ
ଏ ଭିତରେ
କେତେ କ'ଣ ଲେଖା ହେଇ ସାରିଲାଣି
ହେଲେ କ'ଣ ହବ
ଖାଲି ଜାଗାଟେ କୋଉଠି କେମିତି
ରହି ଯାଉଛି
ଗେରୁଆ ମୁଣ୍ଡିଆଟି ପାଇଁ
ରାଏରଙ୍ଗପୁର ଗାଆଁର ।

ଜାଣି ପାରେନା

ବାଟ ଭୁଲିଯାଉଥିବା ବାଟ
ଅର୍ଥ ଭୁଲି ଯାଉଥିବା ଶବ୍ଦ
ବାଲିରେ ଲୁଚି ଯାଉଥିବା ନଈ
ବଞ୍ଚିବାରେ ପୂରି ରହୁଥିବା ସଂଶୟ ସବୁକୁ
ସହିଯିବା କ'ଣ ଏଡ଼େ ସହଜ ?

ଜୀବନକୁ ଅର୍ଥମୟ କରିବାକୁ
ଗଲାବେଳକୁ
ବିଅର୍ଥ ହେଇଯାଉଚି ସବୁକଥା
ବଞ୍ଚିବା ଅପେକ୍ଷା
ନିଜକୁ ବଞ୍ଚେଇ ରଖିବା
ଜଟିଳ ହେଇ ପଡୁଚି ବେଳକୁ ବେଳ।

ଦରଭଙ୍ଗା ପଟା ଖଟରେ
ଖଣ୍ଡିଆ ମସିଣା ବିଛେଇ
ଶୋଇଯିବା ଥିଲା
ସମ୍ଭାବନାମୟ ଜୀବନ

ଯୋଉଥିପାଇଁ ପାଳଧୂଆ ଗଛର
ଶିରା ପ୍ରଶିରାରେ
ଭରି ରହିଥିଲା ପ୍ରାଣ ।

ନଡ଼ିଆ ବାହୁଙ୍ଗା ଦୋହଲୁଛି
ଏଥର ବାଟ ଫିଟିଯିବ ନିର୍ବିଘ୍ନରେ
ବାଉଁଶ କଣି ଖଣ୍ଡକରେ ବି
ରୋକି ହବ ପଘାଛିଣ୍ଡା ଲୋକକୁ
ସାନ ଡାଲାଟିରେ ବି ଫୁଲ କେଇଟି ରଖି
ଦେଇ ଦିଆଯାଇ ପାରିବ
କାହାକୁ ହେଲେ କାହାକୁ ।

ଏ ଭିତରେ ମୁଁ ବାହାରି ସାରିଲିଣି ଘରୁ
ମୋର ହେଇ
ବାଡ଼ି ଗୋବରେ ଗୋବେ ହେଲେ ଜାଗା ନାଇଁ
ଗାଁ ଗୋହିରିର ପଙ୍କ କାଦୁଅରେ କି
ଅରମା ଲଟିର ଛନ୍ଦାଛନ୍ଦି ଭିତରେ
ଲଟପଟ ହବାକୁ
ମୋ'ର ବା ବେଳ କାଇଁ ?

ସତର କବାଟ ଭିତରେ
ଫାଙ୍କଟିଏ ଥାଏ ମିଛର
କେତେବେଳେ ଯେ ଥିବା ନଥିବା
ଉଭୟ ସମାନ ହେଇଯାଏ
ଜାଣି ପାରେ ନା ନଟବର ।

ବାଡ଼

ଏପଟେ ଧାନ ଗଦାମରା ହେଇଥିବ
ସେପଟ ଖଳା ବାଡ଼ିରେ ଉଷୁନା ଧାନ
ଶୁଖେଇଲା ବେଳର ବାସ୍ନା
ଚହଟେଇ ଦଉଥିବ ଚାରିଆଡ଼ ।

କାହା ପିଠିର
ପାଞ୍ଚଣ ଦାଗ ଭଳି ରାସ୍ତାଟିକୁ
ପାର ହେଇଗଲେ
ପାଖେଇ ଆସିବ
ଗାଆଁ ଆର ପାରି ନଈ
ନଡ଼ିଆ ବରଡ଼ା ଅଳପ ନଇଁ ପଡ଼ିଲେ
କି ଟିକିଏ କୋଉ ଆଡ଼କୁ
ଆଡ଼ ହେଇଗଲେ
ଶାଗ ପଟାଳିରେ ଖସି ପଡ଼ିବ ଖରା ।

କଲରା ଡଙ୍କ
ଲଟେଇ ଯିବ ଭାଡ଼ି ଉପରକୁ

ଅପରାଜିତା
ଚଢ଼ିଯିବ ଆମ୍ବ ଗଛକୁ
ନିଜକୁ ଚିହ୍ନିଲା ବେଳକୁ
ପୋଲ ଚାଲିଯାଇଥିବ
କେନାଲ ଆରପଟକୁ
ଜଣେ କିଏ ଚାହିଁ ରହିଥିବ
କେବେହେଲେ ନ ଆସିବାକୁ ଥିବା
ଚିଠି ଖଣ୍ଡିକୁ ।

ବାଡ଼ିରେ କାଳେ ଗୋରୁ ପଶି
ଉଜାଡ଼ି ଦେବେ ଫସଲତକ
ବାଡ଼ ବୁଜି ଦେବାକୁ ପଡ଼ିବ ।
ଖାଲି ବାଡ଼ ବୁଜିଦେଲେ ଯେ
ସବୁ ଉଜୁଡାକୁ ଅଟକେଇ ହବ
କିଏ ଜବାବ ଦବ ?

ପରୀ

ଖାଲି କାଗଜ ଖଣ୍ଡକରେ ଚିତ୍ର ଆଙ୍କୁ ଆଙ୍କୁ
ଗଛ ଉହାଡ଼ରୁ ମୁହଁ ଦିଶିଗଲା
ପରୀଟିଏର ।

ବାଉଁଶ ଅଗରେ ଯେତେବେଳେ ଜହ୍ନ ଥିଲା
ପରୀ ହସୁଥିଲା ଛାମୁଡ଼ିଆ ତଳେ
ରାତି ପାହି ସକାଳ ହେଲା ବେଳକୁ
ପରୀ ଚାଲିଯାଇଥିଲା
ଭିକାରୀ ପିଲାର ଟଉ ଗିନାକୁ ।

ପରୀ ଫେରି ଆସୁଥିଲା
କୋଉକାଳୁ ଖାଲିପଡ଼ିଥିବା ଘର
ଦୁଆର ମୁହଁରୁ ।
କଳମଶାଗ ଟୋକେଇରେ
ଖସି ପଡୁଥିଲା ବୁଢ଼ୀର ଅଣ୍ଟାସୂତା
ନାଚି ନାଚି ପରୀଟି ପହଞ୍ଚିଗଲା ସେଇଠି ।
କାଦୁଅ ଚକଟି ହିଡ଼ ବାଙ୍କରେ

ଥକି ପଡ଼ି ଅଣ୍ଟା ସଳଖୁଥିବା
ବୁଢ଼ା ଆଖିରେ
ଭେଳିକି ଲଗେଇ ଦେଇଥିଲା ସେଇ ପରୀଟି ।

ଦିନେ ରଙ୍ଗ ବେରଙ୍ଗର ପୋଷାକ ପିନ୍ଧି
ଗୋଟେ ହାତରେ ଝିଟିପିଟି ଓ ଆର ହାତରେ
ଅସରପା ଧରି ବଡ଼ ବାଲିଙ୍ଗିରେ
ଆମ ପୋଷା ବିଲେଇ ଛୋଟୁକୁ
ଚିଢ଼େଇ ଚିଢ଼େଇ ଖଳା ବାଡ଼ିରେ
ଦୌଡୁଥିଲା ସେଇ ପରୀଟି ।

ତା'ର ଗତିବିଧି କାହାକୁ ବା ଜଣା ?
କୋଉଠି ଥାଏ, କେତେବେଳେ କୋଉଠୁ ଆସି
କୋଉଠି ପହଞ୍ଚିଯାଏ ।

ତା'ର ଆକାର ହୀନ ଆକୃତି
ଦେଖି ବି ଦେଖି ହୁଏନା
ଯିଏ ନିରବୟବ
ତାକୁ ଅନ୍ତତଃ ଅନ୍ଦାଜ କରାଯାଇପାରେ ।

ଚେହେରା

ମାଟିକୁଦ ଉପରେ
ସେ ଗାଈଜଗା ଟୋକାର
ବୁଦ୍ଧି କି ଦେଖୁଛ ଟି
କି ସୂତ୍ରରେ ସମାଧାନ କରି ଦଉଚି
ସବୁ ସମସ୍ୟାର !

ଚେହେରାରେ ସେମିତି କିଛି
ଖାସ୍ କଥା ନ ଥିଲେ ବି
କହିବା ଚାତୁରୀ ତା'ର ବେଶ୍ ଦାଢୁଆ
ବାହାର ଚେହେରାରେ ଯେମିତି
ଲୁଚି ରହିଚି ଆଉ ଗୋଟେ ରୂପ ।

ସବୁ ରୂପ ସଦାବେଳେ ସମାନ ନୁହେଁ
ଯେତେବେଳେ ଅରୂପ ରୂପ ଦିଶିଯାଏ
ମିଛ ସତ ସବୁ ଧରା ପଡ଼ିଯାଏ ।

ନନ୍ଦପୁରରୁ ନନ୍ଦ ଉପାଧି ଲୋପ ହେଲା
ଚଳୁଏ ପାଣିରେ ଛାଇ ପଡ଼ିଗଲା
କାହାର କେଜାଣି

ଓସ୍ତ ସିଅ ଉଠିଗଲା ଉପରକୁ ।
କୁଶଭଦ୍ରାରୁ ଡଙ୍ଗା ଘୁଞ୍ଚି ଆସିଲା
ନଈ ବନ୍ଧକୁ
ନଡ଼ିଆ ଗଛସବୁ ଚାଲି ଚାଲି ଗଲେ
ନଈ ଭିତରକୁ
ସବୁ କେମିତି ଓଲଟ ପାଲଟ ହୋଇଗଲା
ବସୁନ୍ଧରାରେ ।

ଏମିତି ଦେଖିବାକୁ ଗଲେ
କିଛି ସ୍ଥିର ନୁହେଁ
ପାହାଡ଼ ଖୋଲରେ ସବୁବେଳେ କ'ଣ
ସନ୍ନ୍ୟାସୀ ଥିବେ
ନା ସବୁଦିନ ସାଢ଼େ ପାଞ୍ଚଟାରେ
ରାତି ପାହୁଥିବ ?

ଏକୁଟିଆ ଘର ସେମିତି ପଡ଼ିଥାଏ
କେତେ କାହାର ଯା' ଆସ କୋଳାହଳ
ଲାଗି ରହିଥାଏ ସକାଳୁ ସଞ୍ଜ
କିଛି ହେଲେ ବଦଳେନି ତା ଚେହେରାରେ
ଯଦିଓ ଚଢ଼େଇ ଉଡ଼ିଯାଏ ପିଢ଼ା ଉପରକୁ
ବାରଣ୍ଡା ଉପରେ ସେମିତି ବିଛେଇ ପଡ଼ିଥାଏ
ନଡ଼ିଆ ବାହୁଙ୍ଗାରେ ଫଟା ଛାଇ ।

କୋଉ ଚେହେରା କାହାର
କେତେବେଳେ ବଦଳି ଯାଏ
କି ଅବଦଳ ରହେ
କାହାକୁ ଜଣା
ସବୁ ଶେଷର ଆରମ୍ଭ ଥାଏ ବୋଲି ।

ଜାଲ

ଟୁପୁରୁ ଟୁପୁରୁ ବର୍ଷାରେ
ଓଦା ହେବାରେ ଲାଗିଛନ୍ତି
କାନ୍ଥ ଫଟେଇ ଗଜରି ଉଠୁଥିବା
ଅନାବନା ଗଛ
କିଏ ଜାଣେ କେତେ ରହିବେ
ଆଉ କେତେ ହଜିଯିବେ ?

ଏମିତି ସବୁ ଘଟିବାରେ ଲାଗିଥାଏ ସଚରାଚର
ଦଳେ ଖୋଜିବାରେ ଲାଗିପଡ଼ିଥିବା ବେଳେ
ଆଉ ଦଳେ ବାଟ ଭୁଲୁଥାଆନ୍ତି ସବୁବେଳେ
ଆଉ ଗୋଟେ ଦାଣ୍ଡ ପିଣ୍ଡାରେ ଠିଆ ହେଇ
ଚାହିଁ ରହିଥାଆନ୍ତି 'କ'ଣ ହବ ଦେଖାଯାଉ'କୁ ।

ଘରବାଡ଼ିରେ ଗେଣ୍ଡାମାନେ
କାଟିବାରେ ଲାଗି ପଡ଼ିଛନ୍ତି ଗେଣ୍ଡୁଗଛ
ଓ କଲରା ଡଙ୍କ
କେନାଲ ଫାଟକ ଜଳାବାଟେ ପାଣି ଝରୁଛି
ସେ କ'ଣ କହୁଛି ଜଣା ପଡୁନି କେବେହେଲେ
ଅରମା ବଣରେ ନେଉଳ ବୁଲୁଛି

ଆକାଶରେ ମାଛରଙ୍କା
ମାଟି ଖୋଳିଲେ ଟିଣଡବା
ଏମିତି କିଏ ଅଛି ତମ ପଛରେ ଯେ
ଗଡ଼େଇ ନବ ତମର ରଥଚକକୁ ?

ପ୍ରାଚୀ ହଜି ଗଲାଣି ବିଲ ଘାସରେ
ବିଚରା ବୋଝ ମୁଣ୍ଡେଇ ଆସିଲାବେଳେ
କିଏ ରଖିଦେଲା ତା ଉପରେ ନଳିତା ବିଡ଼ାଟିଏ
ସବୁ ହଜିଗଲାବେଳେ ଏମିତି ବିପଦ ମାଡ଼ିଆସେ
ଯିବା ବାଟରେ ଏତେ ଚେକା ପଥର ଯେ
ଫେରିବା ବାଟ ନିରଙ୍କୁଶ ହେବ କେମିତି ?

କଣ୍ଟା ଡାଳରେ ଘର ଚଟିଆର ଡେଣା
ଅନ୍ୟ ଚଢ଼େଇମାନେ
ଜାଲ ନେଇ ଉଡ଼ିଯିବାକୁ ପ୍ରସ୍ତୁତ
ଅଥଚ ଜାଲବୁଣା କାମ
ଏ ପର୍ଯ୍ୟନ୍ତ ବି ଆରମ୍ଭ ହେବାକୁ ନାହିଁ ।

ସିଏ ଆସିଗଲେ

ବାଟ ପାଇବାକୁ ଯାଉଥିଲା ବେଳେ
ମତେ ନେଇ ନିଆଯାଇଥିଲା
ଅଣବାଟକୁ
କିଛି ଦେଖିବାକୁ ଇଚ୍ଛା କରୁଥିଲାବେଳେ
କୁହାଯାଇଥିଲା ଆଖିବୁଜି ଦେବାକୁ ।

କାହା ସହିତ ବୁଝାମଣା କରିବି ?
ସେଇ କୋତରା ବୁଢ଼ା
ନା ସେଇ ଖପରା ଚଟା ପାଗଳ ସହିତ ?

ମତେ ଶିଖେଇ ଦିଆ ଯାଇଥିଲା
ସେଇ ସବୁକଥା ନ କହିବାକୁ
ଯାହା ସମସ୍ତଙ୍କୁ ଭଲ ଲାଗେ ।
ଅଥଚ ମତେ ଜଣା ନଥିଲା ଯେ
ବଞ୍ଚିବାକୁ ହେଲେ
ସବୁଠି ଥିବା ଚୋରାବାଟକୁ
ଆଦରି ନବାକୁ ହବ ବୋଲି ।

ଏବେ କୋଉମାନଙ୍କୁ ମନେରଖିବି ?
ଯୋଉମାନେ ଜାଣି ଜାଣି
ମତେ ଭୁଲି ଯିବାକୁ ପଣ କରିଛନ୍ତି
କି ଯୋଉମାନେ ବେଳ ଅବେଳରେ
ହାତ ବଢ଼େଇ ଦେଇଛନ୍ତି ମୋ' ଆଡ଼କୁ ?
ସବୁ କାମ ବିଗିଡ଼ି ଯାଉଚି
ଅନୁକୂଳରୁ
ବାକ୍ୟ ସବୁରୁ
ହଜି ଯାଉଚି କ୍ରିୟାପଦ ।
ସିଏ ଆସିଗଲେ
ସହଜ ହେଇ ଯାଆନ୍ତା ସବୁକଥା
ଆସ୍ଥା ଫେରିଆସନ୍ତା ଆପଣାଛାଏଁ
ଘର ହେଇ ଯାଆନ୍ତା ଘର ଭଳି
ଆଣ୍ଠେଇ ନ ପଡ଼ି
ସିଧା ହେଇ ଯାଆନ୍ତା ଗଛ ।

ଏତେକଥା ଘଟିଗଲା ପରେ
ସେ କ'ଣ ଆଉ ନ ଆସି ରହି ପାରିବେ ?

କିଏ ଅଇଲା, ଗଲା କିଏ

ସତ କଥାର କୋଉ କଣରେ
ମିଛ ଟିକିଏ ଛପି ରହିଥାଏ ବୋଲି
ଏ ଯାଏଁ କେହି ଜାଣି ପାରି ନଥିଲେ
ନ ହେଲେ କାହିଁକି ପାଣି ଗରାରେ
ଖାଲି ଜାଗା ଟିକିଏ
ଛାଡ଼ି ଦେଉଥିଲେ ସବୁବେଳେ ।

ଜୀବନଯାକ ଚୋଟ ଖାଇ ଖାଇ
ପାଳ ଦଉଡ଼ିକୁ ସାପ ଭାବୁଥିଲେ
ସବୁମାଆ ।
ସେଇଥିପାଇଁ କି
ଡର ବିକଳରେ ସଞ୍ଜହେଲେ
ଗାଆଁ ମୁଣ୍ଡ ଓସ୍ତ ମୂଳରେ
ଉଗୁଡ଼େଇ ଦଉଥିଲେ ଘଡ଼ି ପତୁଲୀ।

ଦଦରା ଡଙ୍ଗାର ମଙ୍ଗ ମୋଡ଼ି ଦଉଥିଲେ
ଅରାକୁ ଅରା ପାଣି ଲଟି।

ପାଣି ଭିତରେ ଢେଲା ପଡ଼ିଲା ଭଳି
ଡେଣା ଝାଡ଼ି କ'ଣ ନା କ'ଣ ନେଇଯାଉଥିଲେ
କୋଉ ନା କୋଉ ଚଢ଼େଇ ।

ବାଡ଼ିତାଟି ଖୋଲି ବାବାଜି ବିଚରା
ତୋଳି ନଉଥିଲା
ଚିରାକନାଗୁଡ଼ା ଟିକି ଝିଅଟିକୁ ।
ସେତେବେଳକୁ ଜହ୍ନ ବାପୁଡ଼ା
ବୋଳି ଦେଇଥିଲା ଧଳା ରକ୍ତ ଜଗତସାରା ।

ଚାଲି ଚାଲି ବାଟ
ହାଲିଆ ହେଇ ପଡ଼ିଥିଲା।
ନଳା ମୁହଁରେ ଅଇଁଠା ବାସନ କୁସନ
ପଡ଼ିଥିଲା ସେମିତି।
ବାଡ଼ିପଟେ ଶୁଖିଲା ଡାଙ୍ଗଡୁଙ୍ଗା
ଉଇ ଖାଇ ମାଟିରେ ସଢୁଥିଲେ।
ଚାଳ ପିଢ଼ାରେ କଖାରୁ ଡଙ୍କ
ମାଡ଼ିଗଲା ବେଳକୁ
ଶାଗ ପଟାଳିରେ ଖଡ଼ିଗାର ପଡ଼ିଯାଇଥିଲା
ଦି' ପହରିଆ ଖରାର।
ଚେର କୋଉଠି ଡାଳ କୋଉଠି ?
ଟୋକେଇରେ ସେମିତି
ପଡ଼ି ରହିଚି ଗେରୁଆ ଧାନ।

ଛୁଟିକିଆ ମୃତକରେ
ଅଗଣାରେ ଅଗଣେ ଲୋକ
ଗାଁ ମୁଣ୍ଡ ଚାନ୍ଦିନୀରେ କଥା ପଡ଼ିଚି
କିଏ ଅଇଲା, ଗଲା କିଏ ?

ସେଇଠିକୁ

ମିଛଟିଏ ତିଆରି କରି
ହାତକାଟି ଲେଖି ପକେଇବା
ସହଜ ନୁହେଁ
ସତର ଗୋଟେ ନିଆରା ଚେହେରା
ଗଢ଼ିଦେଇ
ଖସିଯିବା
କବିଟିଏ ହିଁ କରିପାରେ ।

ଗେଣ୍ଡା କାଟି ପକଉଚି
ଫୁଲଗଛର ଚେର
ପ୍ରାଚୀ ନଈ ଲୁଚି ଯାଉଚି
କୋଉଠି ହେଲେ କୋଉଠି
ସିଆର କାଟି ମାଡ଼ି ଯାଉଚି
କେନାଲ ପାଣି
ସବୁ କଥା କହି ହଉନି
ଯା' ଆସ ବାଟରେ ।

ଗଛେ ପକ୍ଷୀ
ଉଡ଼ି ଗଲେଣି ଗଛରୁ
ସବୁ ବିଶେଷଣ
ସରି ଗଲାଣି ଭାଷାରୁ
ଥରେ ଉଷୁଆଁ ହେଇଗଲେ
ଆଉ ଗଛ ହବନି ଧାନରୁ
ଗୋଟେ ବାଟ ଥରେ ଫିଟେଇ ଦେଲେ
ଆଉ ଫେରି ହବନି ସେ ବାଟରୁ।
କଥା ଥରେ ଏପଟ ସେପଟ ହେଲେ
ସେଇ ଆଳରେ କିଛି ନା କିଛି
ଖସିଯିବ ହାତ ମୁଠାରୁ
ସବୁ ଦୁଆରୁ ତଡ଼ା ଖାଇ
ଫେରୁଥିବ ଥରକୁ ଥର
ଯୋଉଠୁ ବାହାରିଥିଲ ସେଇଠିକୁ।

ଜାଣିବା ଲୋକ

ବିଲବାଡ଼ି ଡେଇଁ ଏତେବାଟ
ଆସିଗଲଣି ଯେତେବେଳେ
ଖାଲି ଟିକେ ମୁଣ୍ଡ ନୁଆଇଁ
ଠିଆ ହେଇଗଲେ
ହରଗଉରା ସଦାବିହାରୀ ଟଗର ତରାଟ
ସବୁ ଫୁଲ ଖସି ପଡ଼ିବ
ଚିରା ହେଲେ ବି ତମରି କାନିରେ।

ସବୁ ଠିକ୍ ଠାକ୍ ଚାଲିବ
ଯେ ପର୍ଯ୍ୟନ୍ତ ସନା କଡ଼ାପାନ ପଠଉଥିବ
କାଦୁଅ ପଙ୍କ କିଛି ଲାଗିବ ନି
ଗେଣ୍ଡୁ ଫୁଲରେ ।
ନକୁଳ ତା ଫୋଡ଼ଣୀରେ
ଫୋଡ଼ି ଚାଲିଥିବ
ଫିଟି ଯାଇଥିବ
ବହିର ପୃଷ୍ଠା ସବୁକୁ।

ଯେତେ ଫାଙ୍କା ହେଲେ ବି
ବଙ୍କେଇ ବଙ୍କେଇ ଚାଲିବା
ଗୋଟେ ବଦଭ୍ୟାସ ଚଲାବାଟର
କିଏ କୁଆଡ଼େ ଝିଙ୍କି ନବ ବୋଲି
ତା'ର କାଳେ ଭାରି ଡର।

ଗଛ ମଝିରେ
କାଉଁରିଆ କାଠିଭଳି
ଦଉଡ଼ି ଆସୁଚି ଜହ୍ନ ଆଲୁଅ
ପେଡ଼ି ପୁଟୁଳା ବାନ୍ଧି
ଆଉ ତାଙ୍କୁ ଅଟକେଇ ରଖିବା
ଅସୁନ୍ଦର ହବ।

କୁଆଡ଼େ ଯିବେ ବୋଲି
ଆଗରୁ ପଚାରିଚି ବହୁତ ଥର
କ'ଣ କରନ୍ତି, କୋଉଠ ଥାଆନ୍ତି
କିଛି କହନ୍ତି ନି।
ଡାକ ନ ଡାକ ପହଞ୍ଚି ଯାଆନ୍ତି
ଆପଣାଛାଏଁ ।

ଚୁପ୍ ରହିବା କି କିଛି କହି ପକେଇବା
ତାଙ୍କ ପାଇଁ କାଳେ ଏକା କଥା
ଜାଣିବା ଲୋକ
ଜାଣି ନବନି କି !

ଏମିତି ହୁଏ

ପାଣି ଢାଳେ ଢାଳି ଦେଲେ ଗଛ ମୂଳରେ
ସେ ଟିକିଏ ହସିଦେଇ ମୁଣ୍ଡ ହଲେଇ ଦିଏ
କୋଉଠି ଥାଏ ପବନ କେଜାଣି
ଛୁଇଁ ଦେଇ ଶୀତେଇ ପକାଏ ଦିହକୁ ।

ଟିପେଇ ଭଳି ଓହଳସବୁ
ଅଟକେଇ ଥାଏ ବରଡାଳକୁ
ପିଠୋଉ ଅଙ୍କା ଝୋଟିରେ
ଝଲସୁଥାଏ ଘର
ସବୁ କଥାର ମୂଳଥାଏ
ଶେଷ ନଥାଏ ଶେଷର ।

ଯୋଉଠି ଛଳ ବେଶୀ
ପାଦ ଟିପି ଚାଲିବାକୁ ହୁଏ ସେଇ ଜାଗାରେ
ସେଠି ଗଛ ନଥାଏ
କି ଡାଳଟିଏ ମିଳେନି ସହଜରେ
ପବନ ବାଟ ଭାଙ୍ଗି ଚାଲିଯାଏ
ତା’ ବାଟରେ ।

ଏଇନେ କାହାର କଚେବା'ର ତ
କିଏ ଯେତିକି କି ସେତିକି
ଆଉ କାହାର ସରିଯାଇଚି ସବୁ
କାରଣ ପଚାରୁଚ କ'ଣ
ଗୋଟେ କ'ଣ ଥିବ।
ଦେଖୁଚ ତ
ପଣସ ଖାଇଲା କିଏ
ଅଠା ବୋଳା ହେଲା କାହା ମୁଣ୍ଡରେ।

ଏମିତି ହୁଏ
ଘଟଣା ଘଟିଯାଉଥାଏ ତା' ବାଟରେ
କାରଣ ବି ମିଳିଯାଉଥାଏ
ଅଣକାରଣ ଭିତରୁ।

କେତେବେଳେ କଳା ଫୁଲରେ ଧଳା ଭଅଁର
କେତେବେଳେ ଓଲଟ ଗଛର
ଆକାଶ ଆଡ଼କୁ ଲମ୍ବିଯାଉଥାଏ ଚେର
କେତେବେଳେ ମିଛ ସତର ଅହଂକାରକୁ
ଏଡ଼େଇ ଯାଇ
ଗଢ଼ି ଉଠୁଥାଏ ବିଶ୍ୱାସର ଘର ।

ଆଖିବୁଜି ଚାହିଁ ରହିଲେ
ବିଛେଇ ହେଇପଡ଼େ ଆକାଶ
ସେଠେଇ ବାହାନା ନଥାଏ ବାହାନାର
ପଙ୍ଗୁ ହେଇ ଗିରି ଲଘିଂବି କେତେବେଳେ
ଯେତେବେଳେ ମୋଟେ ହେଲେ
ଦେଖା ଦର୍ଶନ ନାହିଁ ଗିରିର ।

ବାହୁଡ଼ା

ଶିଙ୍କୁ ବାଡ଼ରେ ସକାଳର ପିଠି ଆଞ୍ଜୁଡ଼ି ହେଲେ ବି
ସେ ଆଗକୁ ଯିବାକୁ ଲାଗି ପଡ଼ିଥାଏ
ଯୋଉଠିକି ଯାଇ ପାରିନି ଏ ଯାଏ

ସଜନା ଗଛରୁ ପତରଟିଏ ଖୋଜିଲା ବେଳକୁ
ଗଛଟା ଯାକ ଖାଲି
ଯେମିତି କୌଣସି କଥାକୁ ଖୋଜା ଲୋଡ଼ା କଲେ
ଘୁଞ୍ଚିଯାଉଥାଏ ଦୂରକୁ
ଏବଂ ଚୁପ୍ ପଡ଼ିଲେ
ବେଶ୍ ଘଟିଯିବାରେ ଲାଗିପଡ଼ିଥାଏ ଆପେ ଆପେ

ଭଙ୍ଗା ମାଠିଆ ଭିତରୁ ଧୂରୀଣ ଗୁଣ୍ଡୁଚିର ଖେଳ
ଖରାବେଳଟାକୁ ଅଟକେଇ ଦେବାର ଗୋଟେ ବାଟ
ଆଉ ସଞ୍ଜବେଳର ଜହ୍ନିଫୁଲ
ସେଠି ଅଛି କ'ଣ ଖାଲି ଜଙ୍କ୍ ଲାଗିବା ଛଡ଼ା
କିଛି ଅଜଣା ରହୁ

ଉଖାରି ବସିଲେ ସବୁକଥା କ'ଣ ଜଣା ପଡ଼େ
କିଛି କଥା ଅଜଣା ରହିବା ପାଇଁ ହିଁ
ଘଟି ଯିବାରେ ଲାଗି ପଡ଼ିଥାଏ

ଆମ କଥା ଆମେ କହିପାରୁନେ କାହାକୁ
ସବୁ ଗଣ୍ଡଗୋଳ ଏଇ ବ୍ୟାକରଣ ଆଉ ସୂତ୍ରରେ
କିଛି କୁହାଯାଉ ଅଧାପନ୍ତରିଆ ହଉ ପଛକେ
ଘଡ଼ିକ ଭିତରେ
ନଡ଼ିଆ ବାହୁଙ୍ଗାର ଆଙ୍ଗୁଠି ସନ୍ଧିରୁ
ଉହୁଙ୍କି ପଡ଼ିବ ଅବୋଧ ଖରା
ଅନାସକ୍ତ ପକ୍ଷୀଟିଏ ପରି ଉଡ଼ିଯିବ ଆକାଶକୁ
ଯାହା ଆସିବ ଆସୁ ଯାହା ଘଟିବାର ଘଟିଯାଉ
ଖାଲି ମୁହୂର୍ତ୍ତମାନଙ୍କୁ ବଞ୍ଚି ରହିବାରେ
ବିନିଯୋଗ କଲେ ହେଲା

କବାଟ ବନ୍ଦ କରିବା ମାନେ
ସିଧା ଡାକି ଆଣିବା ଘର ଭିତରକୁ
ବାଟ ଚାଲିଚି ବାରବାଟୀ ଆଗକୁ ମାନେ
କୁଆଡେ ଯାଇନି ଠିଆ ହେଇଚି ସେଇଠି

ଏଣିକି ଅନର୍ଥରୁ ଅର୍ଥ ନକାଢ଼ି
ସେ ସବୁକୁ ଗୁଡ଼ିଆଗୁଡ଼ି କରି
ଫୋପାଡ଼ି ଦେବାକୁ ହେବ ଅଳିଆଗଦାକୁ

ବଗୁଲୀ ଜାଣେ ବଗ ଟାଙ୍କର କରାମତି
ଡାଳକାଳେ ଭାଙ୍ଗି ଯାଏ ଯୋଉ ଡାଳରେ ବସିଲେ ବି
ଆମ ନିପାରିଲାପଣ ଆମକୁ ଭଲଭାବେ ଜଣା
ଋଣ ଶୁଝିବାକୁ ଅଛି ତ
ଜାମା ଯୋଡ଼ ପିନ୍ଧି ବାହାରି ପଡ଼ିଲେ ହେଲା

ସବୁ ହଜି ଯାଉଛି ସହଜରେ
ଖୋଜିଲା ବେଳକୁ ହାତ ପାଆନ୍ତାକୁ
ଆସୁ ଆସୁ ଘୁଞ୍ଚି ଯାଉଚି ଦୂରକୁ
ପୋଖରୀ ହୁଡ଼ାରୁ ଓଉପତ୍ର ଖସିପଡୁଛି ପାଣିକୁ
ଚଢ଼େଇଟିଏ ବସିଥିଲା ଡାଳରେ
ସେ ତାର ଉଡ଼ିଗଲା
ପୁରୁଣା କୋଠା ମରାମତିବେଳେ
କେଣେ ନେଇ ଯାଉଛ ସେମାନଙ୍କୁ
ସେମାନେ ସବୁ ତାଙ୍କ ଜାଗାକୁ
ଶବ୍ଦମାନେ ବହି ଭିତରକୁ ଫେରିବେ ତ

ଆମକୁ କ'ଣ ବାଡୁଡିବାକୁ ହେବ
ସେଇ ଜାଗାକୁ
ଯୋଉଠୁ
ଯାତ୍ରା ଆରମ୍ଭ କରିଥିଲେ ଆମେ ସମସ୍ତେ

ଏବେଠୁ

ଗଛକଟା ହେଇଗଲା ପରେ
ଦାଗ ରହିଗଲା ମାଟିରେ
ଉଜୁଡ଼ା ଇତିହାସର ।

ହୁଏତ ପୁଣି ଗଛ ଉଠିବ
କିନ୍ତୁ କଥା ହେଲା
ସେ ଗଲା କୁଆଡ଼େ
ଆଉ ତୁମେ ବି ?

ଏଇ କାଲିକା କଥା
କିଏ କୋଉଠି ଥିଲେ
ସାହାଡ଼ା ମୂଳରେ
କି ସଜନା ଗଛର ଫସ୍‌କା ଡାଳରେ ?
ସବୁଠି ପାଞ୍ଚଣ ମାଡ଼ ସେଇ ପୁରୁଣା କାଳର ।

ଯାହା କହିବାର ଅଛି କହିପକା
କାଲେ ଶୁଣିବାକୁ କେହି ରହିବେ ନି

କିମ୍ବା ତୁମ କହିବାର
ହୁଏତ କିଛି ମାନେ ରହି ନଥିବ
ଗଛଟି କଟା ହେଇ ଯିବାପରେ
କିଏ ବା କାହିଁକି ଖୋଜିବ ତାକୁ ?

ସବୁକଥାର ଉତ୍ତର ଦେଉ ଦେଉ
ବେଳ ଗଡ଼ିଯିବ
ଏବେ ଠୁ ସୁବିଧା ହେଲେ କୁହ
ନ ହେଲେ ନାଇଁ।

ଯେତେ ଯାହା କଲେ ବି
ଗଛ, କାହାକୁ କ'ଣ କିଛି କୁହେ
ନା ଘୁଞ୍ଚେଇ ନିଏ
କେବେ କାହାଠୁ ତା'ର ନିଦା ଛାଇକୁ ?

ଏ ଯାଏଁ ଚାହିଁ ରହିଥିଲି
ବାଡ଼ିପଟ ନଡ଼ିଆ ଗଛରୁ
ବରଡ଼ା ଖସିବ ବୋଲି
ଏଇ ଅଳ୍ପ ସମୟ ହେଲା ଖସିଲା ସିନା
କାହାକୁ କହିଲା କି ବେଳ ସରି ଆସୁଚି ବୋଲି ?

ଗଛ ପ୍ରସାରି ଦେଉଛି ବାହୁ
ଆମରି ଆଶ୍ରୟ ପାଇଁ
ସେତକ କ'ଣ ଏବେଠୁ
ଉଭେଇ ଯିବ କି ଆପଣାଛାଏଁ ?

ବଦଳେଇ ଦେବାକୁ ପଡ଼ିବ

ପାଚେରି ଉପରେ କହୁଣି ଭରା ଦେଇ
ନଇଁ ପଡ଼ିଚି ଆମ୍ବ ଗଛ
ବୁଢ଼ୀ ଭଳି
ନିର୍ମୂଳୀ ଲଟା ଲଟେଇ ଲଟେଇ
ଜାବୁଡ଼ି ଧରିଚି ଡାଳକୁ
କାଳେ ଖସି ପଡ଼ିବ ବୋଲି ।

ଏବେ ସବୁ ଛିଣ୍ଡାଛିଣ୍ଡିକୁ ଯୋଡ଼ିଦେବାର ବେଳ
ମଶାରିକୁ ରଫୁ
କମଳରେ ହୁଡ଼ା ସିଲେଇ
ପୋଲର ଆର କୂଳକୁ ଦୌଡ଼
ବାଟ ସରିଲା ବେଳକୁ ବୁଲାଣିର ମିଶାଣ ।

ବଡ଼ି ଶୁଖୁଛି ଦି' ପହର ଖରାରେ
ଖୁମ୍ପିବାରେ ଲାଗିପଡ଼ିଚି ଡରକୁଳା କାଉଟି
ସେଇ ଖରାରେ ବଙ୍କା ବାଡ଼ି ଖଣ୍ଡେ ଧରି
ଘରୁ ବାହାରି ପଡ଼ିଲି

ଏତେ ବାହାରକୁ ଯେ ଆଉ ଫେରି ହେଲାନି ।
ବାଡ଼ିପଟ ରଞ୍ଜା ଉପରେ
କଲରା ଡଙ୍କ ଲଟେଇଚି
ଦାଣ୍ଡପଟ ଭଙ୍ଗା ଖୁଣ୍ଟ ପାଖରେ
ଗୋଟେ ପଟକୁ ଝୁଙ୍କି ପଡ଼ିଚି ସଦାବିହାରୀ
କିଏ ଜାଣେ
ଆମ ଯିବା ବାଟରେ କେତେ ଯେ ଶବ୍ଦ
ସେମାନଙ୍କର ଅର୍ଥ ବଦଳେଇ ଗଲେଣି
ଆପଣାଛାଏଁ ?

ବେଳ ଗଡ଼ି ଗଲାଣି କି ?
ସେଇଥିପାଇଁ କି କିଛି ମନେ ରହୁନି
କି ବଳ ପାଉନି
କୁଟା ଖଣ୍ଡକ ଦି'ଖଣ୍ଡ କରିବାକୁ ?

କାଳେ ବେଳ ଗଡ଼େନି କେତେବେଳେ
ସବୁବେଳ ପାଇଁ ଥାଏ
ଯେମିତି କି ସେମିତି ।
ସେଇଭଳି ବାଟ କେବେ ସରେ ନି
ବାଙ୍କ ବୁଲାଣି ସବୁ ମିଶିମିଶି
ତାକୁ ଦଉଡେଇ ନିଅନ୍ତି ଆଗକୁ ।

ତେବେ କ'ଣ ସକାଳକୁ ଡାକି ଆଣିବାକୁ ପଡ଼ିବ
ଆପଣା ଭିତରକୁ
ବଦଳେଇ ଦେବାକୁ ଚିର ସକାଳରେ ?

ଘଟ

ସହଜରେ ଭୁଲିଯିବା ହିଁ
ଜୀବନର ସବୁଠୁ ବଡ଼ ସତ୍ୟ ।
ଯେମିତି ଆଷାଢ଼ର ପହିଲି ପାଣି
ଓଦା କରିଦିଏ ମାଟିକୁ ଘଟକୁ
ମାଟି ଘଟକୁ
ଆଉ ଆପେ ଆପେ
ଭୁଲି ହେଇଯାଏ ଖରା ।

କଥା ଏପଟ ସେପଟ କଲେ
ଅର୍ଥ ଧରା ନ ଦେଇ ଲୁଚିଯାଏ
ଜଣା ପଡ଼ିଯାଏ ଯେ
ଆମେ କହିବାକୁ ଯାଉଥିବା କଥା
କହିବାକୁ ଚାହୁଁନୁ, ଡରୁଛୁ ।
ପାଖରେ ଯାହା ବା କିଛି ଅଛି
ହଜେଇ ଦବାକୁ ଭୟ କରୁଛୁ।

ଘଟ ଛୁଟିଲେ ସବୁ ଆଣ୍ଟ ଭାଙ୍ଗିଯିବ
ଘର ବୋଲି ଯେତେ ପଦାର୍ଥ ଅଛି
ସବୁ ରହିଯିବ ପଛରେ।
ହେଲେ ସବୁ ଡରାଣକୁ
ଆଡ଼େଇ ଦେଲେ ବଞ୍ଚିଯିବ ନା!

ସେଇଠି ଅଛି ମୁଁ
ଯୋଉଠି ଥିଲି, ସେଇଠି ବି ରହିଥିବି।
ଖାଲି ଖବର ପଠେଇ ଦେଲେ
ପହଞ୍ଚି ଯିବି।
ଏତେ ଥର ଯିବା ଆସିବା ଭିତରେ
ଏତକ ବି ଜାଣି ପାରିଲ ନି?

ବାୟା ଚଢ଼େଇର କ'ଣ ବା ଥାଏ?
ପବନ ହେଲେ ତା' ବସାରେ ଥାଇ
ସେ ଝୁଲୁଥାଏ ସେମିତି ।

କେତେବେଳେ ଯେ ମାଟି ଘଟରେ
ପର ଲାଗିଯିବ
ଉଡ଼ିଯିବ ଶୂନ୍ୟକୁ
କିଏ କହିବ
ମୁକୁଳିବାକୁ
କି ପୁଣିଥରେ ବାନ୍ଧିହେଇ ପଡ଼ିବାକୁ?

ଏକୁଟିଆ

ବେଳ ଗଡ଼ିଗଲାଣି ବୋଲି ନା କ'ଣ
ତମେ ଆଉ ଦିଶୁନ ଆଗ ପରି
ସେଥିକୁ ପୁଣି
ତୁମେ ଏକୁଟିଆକୁ
ମୁଁ ଏକୁଟିଆ
ଜହ୍ନ କିନ୍ତୁ ସେମିତି ଉଇଁ ଉଇଁ ଆସୁଚି ତ
ପୁଣି କିଏ ଗୋଡ଼େଇ ଦେଲା ନା କ'ଣ ଯେ
ଗଡ଼ି ଗଡ଼ି ଯାଉଚି
ଖଣ୍ଡିଆ ଖାବରା
ନୁଆଁଣିଆ ପାହାଡ ଟୋପିକୁ।

ଏବେ ତୁମ ପାଖରେ ସ୍ୱର
କି ମୋ ପାଖରେ ଶବ୍ଦ ନାହିଁ।
କେବେ କେମିତି ଚାଲୁ ଚାଲୁ ମଝି ବାଟରେ
ତୁମେ ଯଦି କିଛି କହି ପକେଇଲ
କିମ୍ୱା ତୁମକୁ ଲୁଚେଇ ରାତି ଅଧରେ
ମୁଁ ଯଦି କିଛି ଶବ୍ଦ ବସାଣ କଲି

କବିତା ଖାତାରେ
କାହାପାଇଁ କିଛି ଅର୍ଥ ନରହୁ ପଛେ
ଗଣ୍ଠି ଫିଟିଯିବ ତ !

କିଏ ଡାକୁଚି, ପୋଲ ଆରପଟୁ ?
ସ୍ୱର କାହାର ଜାଣିଲେ ସୁଦ୍ଧା
ସଳଖ ହେଇ ବୁଲିପାରୁନି
ଗଧ ଭାରରେ ନଇଁ ପଡ଼ିଥିବା ଅଣ୍ଟା ।
ଭଙ୍ଗାସରା,
ଡାକବାକ୍ସର ଚନ୍ଦାମୁଣ୍ଡ
ବର୍ଷାରେ ଓଦା ହଉଥିଲେ ସୁଦ୍ଧା
ମତେ ଯିବାକୁ ପଡ଼ିବ ଆରପଟକୁ
ଯାଉଚି ଯେତେବେଳେ
ଫେରୁ ଫେରୁ ଡେରି ହେଇପାରେ
ଏକୁଟିଆ ଚଳେଇ ନବ ସବୁ କଥାକୁ
ମୁଁ ଅନ୍ତତଃ ପୋଲ ଆରପଟୁ ଫେରିଲାଯାଏଁ ।

ନୂଆଲୋକ

ବାଡ଼ିଘର ଚାଳରୁ ପାଣି ଗଳୁଛି
ପିଲାମାନେ ପୂରା ତିନ୍ତି ଗଲେଣି
ମାଛ ପାଇଁ ନଈକୁ ଯାଇଥିଲା ଯେ
ସବୁତକ ଗେଣ୍ଡା ପାଲଟି ଗଲେ
ପଚାରି ପଚାରି ଥକି ଗଲିଣି ପଛେ
ସେ କିଛି କହୁ ନାହାନ୍ତି ।

ସେ ନୂଆଲୋକ ଜଣକ
ଆଗରୁ ଆସି ନଥିବା ଭଳି ଲାଗୁଛନ୍ତି
କିଛି ନୂଆ ଶବ୍ଦ ଆଣିଛନ୍ତି କି
ଅଲଗା ବାଗରେ
କିଛି ସମୟ କଥାବାର୍ତ୍ତା ହବାପାଇଁ ?
'ପକ୍ଷୀମାନେ ଆକାଶରେ ହିଁ ଉଡ଼ିବେ'
ୟାର କ'ଣ କିଛି ବିକଳ୍ପ ନାହିଁ ?

ଖରା ଆସିଲା, ଯିବ। ବର୍ଷା ବି ।
ସେମିତି ଶୀତ । ବସନ୍ତ ।
ଆମେ ଆଉ କ'ଣ କରି ପାରିବା ଯେ !

ସେଇ ମେଜିକ୍‌ବାଲାର ଟିଣ ବାକ୍ସରେ
କ'ଣ ସବୁ ଅଛି, କେଜାଣି ?

ଠକି ଯିବା କି କାହାଠୁ ଗାଳି ଖାଇବା
ଡାକବାଜି ଯନ୍ତ୍ରରେ କହି ବୁଲିବା ମନା
ହେଲେ କିଏ ମାନୁଚି ଯେ
କାହାକୁ ମନା କରିବା ।
ତାଙ୍କ ପାଦରେ ବହୁତ ଧୂଳି
ଅନେକ ଦୂରରୁ ଆସିଥିବା ଜଣାପଡୁଚି
କବାଟ ଖୋଲି ଦେଲେ ବି
ସେ ଘର ଭିତରକୁ ଆସୁ ନାହାନ୍ତି ।
ଏ ଭିତରେ ଛଟିନ୍ଦ୍ରା ତଙ୍କ
ଆମ୍ବ ଗଛରେ ଚଢ଼ିଗଲାଣି ।
ସେ ନୂଆଲୋକ ହେଲେ କ'ଣ ହେଲା
ତାଙ୍କୁ କିଛି ନ ପଚାରିଲେ ବି
ବାଚାଳ ଭଳି ଗପି ଚାଲିଚନ୍ତି ଅନର୍ଗଳ ।

ବାଟ ପାଇଯିବା

ନଈପଠାକୁ ଫେରି ଆସିଲା ନାଆ
ଗାର କେଇଟା ଟାଣିଦେଇ
ଆକାଶରୁ ଖସିପଡୁଥିଲା ସୋରା ସୋରା ଆଲୁଅ
କେହି କୁଆଡ଼େ ନଥିଲେ। ଦୂରରେ ନୁଖୁରା ହିଡ଼
ଗଛ ଡାଳରେ ଅଡୁଆ ବୁଢ଼ିଆଣୀ ଜାଲ
ବସା ବାହୁଡ଼ା ଚଢ଼େଇ ଶବ୍ଦରେ ଚହଲି ଗଲା ନଈଘାଟ ।

ଲାଗିଲା କିଏ ଯେମିତି ଚାଲିଗଲା ଏଇ ବାଟେ
ଘଡ଼ିକ ତଳେ। ନଈଁ ପଡ଼ିଲେ ସମସ୍ତେ
କାହାକୁ ପଚାରିବା କିଏ ବା ବୁଝେଇ ଦବ
ଏ ସମର୍ପଣର ଅର୍ଥ କ'ଣ ବୋଲି ?

ନଡ଼ା କେଇ ବିଡ଼ାରେ ଗଢ଼ା ହେଇଗଲା ଛାଞ୍ଚ
ମାଟିନେସି ରଙ୍ଗ ପିନ୍ଧେଇ ଦେଲେ ପାଲଟିଯିବ ପ୍ରତିମୂର୍ତ୍ତି
ମିଛି ମିଛିକା ଖିଆଲ ସବୁ
କେତେବେଳେ ସତ ହେଇଯିବ ଅଜାଣତରେ।

ବହୁକଥା କହିପାରିନି ଏ ଯାଏଁ
ଆରମ୍ଭ କରିଦେବି କି ଯୋଉଠୁ ପାରେ ସେଇଠୁ ?
ହିସାବ କରି ହେଇନି କେତେ ଆଞ୍ଜୁଳା ପାଣିରେ
ବୁଡ଼ିଯାଇ ପାରିବ ସବୁତକ ଦୁଃଖ ।

କୋଉ ଦୁଖରେ କାଠ ପାଲଟିଗଲା ମୁରାରି ?
କୋଉ ଅସନା ଫୁଲ ଭିତରୁ ବାହାରି ଆସିଲା ମଧୁଲିଟ ?

ଯେତେ ବାଟ ଆଗୁଳି ଠିଆ ହେଲେ ବି
କେମିତ ନା କେମିତି ବାଟ ପାଇଯିବା ନିର୍ଧାର୍ଯ୍ୟ ।

ବାହାନା

ଲେଖି ହଉ କି ନ ହଉ
ଲେଖା ହବାର ସମ୍ଭାବନାରେ
ବଞ୍ଚି ରହିଥାଏ କବିତା
ଏମିତି ନିତ୍ୟ ପ୍ରକ୍ରିୟା
ଚାଲିଥାଏ ଅନବରତ
ହେଲେ ବାଉନ ଭଣ୍ଡାର ଶବ୍ଦର
ସରି ଯାଏନି କି ସରିଯିବାର ନାଇଁ।

ଅଣଲେଖା କବିତା କେତେ କେଜାଣି
ଥାଏ କବି ପାଖରେ
ସେ ହୁଏତ ବାରମ୍ବାର
ଭୁଲି ଯିବାର ଭୁଲ କରି ବସେ ଯେ
ହଜି ଯାଉଥିବା କଥା
ଧରା ପଡ଼େ ନି ସହଜରେ ।

ଘର ତୋଳା ଜାରି ରହିଥାଏ
ଅଥଚ ଘର ମୋର ପସନ୍ଦ ନୁହେଁ
କି ଘରକୁ ମୋର ଅସ୍ମିତା ।

ମାଠିଆର କାଇଁ କୋଉ ତଳେ
ପାଣି କେଇଟୋପା ଅଛି ଯେ
ଆଉ କାଉ ଆସୁନି ଠଉରିବାକୁ ।

ଅଥାର ମୁହଁକୁ କନା ଘେରେଇ ବାନ୍ଧିଦେଲେ
ପେଟ ଭିତରେ ଫୁଟୁଥିବା ପାଣିକୁ
ହୁଏତ ଗୋଟେ ବାହାନା ମିଳିଯିବ
ବାହାରି ନ ଆସିବାକୁ ବାହାରକୁ
ଆସିଲେ ବା କାହାର କ'ଣ କରିପକେଇବ କି
ଫୁଟିଲା ପାଣିରେ କୋଉ ଘର ପୋଡ଼ିଯିବ ଯେ !

ଏମିତି ସବୁ ମିଛ ସତର ଅଣକାରଣ ଭିତରେ
କାରଣ ଖୋଜା ଚାଲୁ ରହିଥିବ ଚାରିଛକରେ
କେତେବେଳେ ଯେ ଶବ୍ଦ କେଇଟା
କ'ଣ ଟିକେ କହିଦେଇ
ବାଆଁରେଇ ହେଇ ପଳେଇ ଯିବେ ଯେ
ଅର୍ଥ ପାଇଁ ଲୋଡ଼ା ପଡୁଥିବ
ଦୁନିଆ ଯାକ ବାହାନାର ।

ସ୍ୱରୋଦୟ

କଳଙ୍କି ଲାଗି ଆସିଲାଣି
ସବୁ କବାଟ କଡ଼ାରେ
ଏ ଭିତରେ ଆମେ କେତେବେଳେ
ଏତେ ଅପାରଗ
ହେଇ ପଡ଼ିଲେଣି ଯେ
ପିଠିରେ ପଥର ବୋହିବା କ'ଣ
ପତରଟିଏ ପଡ଼ିଲେ ବି
ଚମକି ପଡୁଛେ ।

ତଳିପା ଫଟା ହେଲେ ବି
କାଦୁଅ ନେସି
ଚାଲିବାକୁ ପଡ଼ିବ
କଥା ଦେଇଛେ ଯେତେବେଳେ
ରଖିବାକୁ ପଡ଼ିବ ନିଶ୍ଚୟ ।
କାହାକୁ ନା କାହାକୁ
ଠାବ କରିବାକୁ ପଡ଼ିବ
ଶବ୍ଦ ଭିତରର ଭ୍ରୁଣଟିକୁ

ମୃଣ୍ମୟ ମୂର୍ତ୍ତି ଭିତରେ
ଲୁଚି ରହିଥିବା ପ୍ରାଣ କେନ୍ଦ୍ରକୁ ।

ଭଙ୍ଗା ହାଣ୍ଡିରେ ବର୍ଷା ପାଣି
ବର୍ଷା ପାଣିରେ ଗଛର ଛାଇ
ଛାଇର ଡାଳରେ ଚଢ଼େଇବସା
ଚଢ଼େଇ ବସାରେ
କେତେ କେଜାଣି ନିଗୂଢ଼ ଅର୍ଥ !
ପବନ ବୋହିଲେ ବସା ଦୋହଲି ଯାଏ
ବାଁ କୁ ଡାହାଣକୁ। ଚନ୍ଦ୍ର ସୂର୍ଯ୍ୟକୁ ।

ଦେହରେ ପ୍ରସରିଥିବା
ପବନ ଉଜାଣି ଧରି
ସ୍ଥିର କରି
ପବନ ଛାଡ଼କୁ
ଲକ୍ଷ୍ୟ କଲେ ଆକାଶେ ଶୂନ୍ୟକୁ
ଚିହ୍ନିବା ସହଜ ହୁଏ
ସ୍ୱର ଉଦୟକୁ।

ଡଃ ବଂଶୀଧର ଷଡ଼ଙ୍ଗୀଙ୍କର ସମ୍ପର୍କରେ ସଂକ୍ଷିପ୍ତ ସୂଚନା

ଜନ୍ମ ତାରିଖ - ୪.୧୨.୧୯୪୦। ଜନ୍ମସ୍ଥାନ - ଗ୍ରା: ରାଏରଙ୍ଗ, ପୋ: ବାଜପୁର, ଜି: ଖୋର୍ଦ୍ଧା। ବର୍ତ୍ତମାନ ଅବସ୍ଥାନ - ଗୁହାଳପଡ଼ା, ନିମାପଡ଼ା, ଜି: ପୁରୀ। ଶିକ୍ଷା : ଏମ୍.ଏ (ଓଡ଼ିଆ) ରେଭେନ୍ସା କଲେଜ, ୧୯୬୬; ଓ ଡିଲିଟ୍ (ଉତ୍କଳ ବିଶ୍ୱବିଦ୍ୟାଳୟ) ୧୯୮୨; ବୃତ୍ତି- ଅଧ୍ୟାପନା, ୧୯୬୭ ମସିହାରୁ ଓ ଅବସର ୨୦୦୦ ମସିହାରେ।

ରଚନା ସମୂହ :

କବିତା :

୧. ସମୟ ଅସମୟ - ୧୯୭୭, ପ୍ର: ଲାର୍କ ବୁକ୍ସ, କଟକ

୨. ସ୍ଥବିର ଅଶ୍ୱାରୋହୀ - ୧୯୮୦, ପ୍ର: ଫ୍ରେଣ୍ଡସ୍ ପବ୍ଲିଶର୍ସ, କଟକ

୩. ଶବରୀଚର୍ଯ୍ୟା - ୧୯୮୯, ପ୍ର: ଫ୍ରେଣ୍ଡସ୍ ପବ୍ଲିଶର୍ସ, କଟକ
(୧୯୯୧ ଓଡ଼ିଶା ସାହିତ୍ୟ ଏକାଡେମୀ ପୁରସ୍କାର ପ୍ରାପ୍ତ)

୪. ଛାୟାଦର୍ଶନ -୧୯୯୫, ପ୍ର: ଆର୍ଯ୍ୟ ପ୍ରକାଶନ କଟକ

୫. ଶୂନ୍ୟସଂହିତା ଓ ଅନ୍ୟାନ୍ୟ କବିତା- ୧୯୯୮, ପ୍ର: ଆର୍ଯ୍ୟ ପ୍ରକାଶନ, କଟକ

୬. ସ୍ୱରୋଦୟ-୨୦୦୬, ପ୍ର: ଅପୂର୍ବା, ଭୁବନେଶ୍ୱର
(କେନ୍ଦ୍ର ସାହିତ୍ୟ ଏକାଡେମୀ ପୁରସ୍କାର ପ୍ରାପ୍ତ)

୭. ଆଉ କେତେବାଟ - ୨୦୧୩, ପ୍ର: ଲେଖାଲେଖି, ଭୁବନେଶ୍ୱର

୮. ଏପର୍ଯ୍ୟନ୍ତ - ୨୦୧୮,ପ୍ର: ଦକ୍ଷ ବୁକ୍ସ, କଟକ

୯. ଶ୍ରେଷ୍ଠ କବିତା - ୨୦୧୮, ପ୍ର: ଶବ୍ଦଲିପି, ଭୁବନେଶ୍ୱର

୧୦. ଶେଷ ପର୍ଯ୍ୟାୟ - ୨୦୧୮, ପ୍ର: ପଢ଼ାପଢ଼ି, ଭୁବନେଶ୍ୱର

ଗଳ୍ପ :

୧୧. ବିଭାବନା - ୨୦୧୯,ପ୍ର: ପଢ଼ାପଢ଼ି, ଭୁବନେଶ୍ୱର

In English :

୧୨. Day in and out (Tr. H.S. Achary, K.C.Nayak, S.P. Das and N. Kar)- 1984 - Pub: Samkaleen Prakashan New Delhi

୧୩. Poems (Tr. Jayanta Mohapatra) - 2008- Pub: Grassroots, Bhubaneswar

୧୪. Selected Poems (Tr. Jayanta Mohapatra) (with Odia and English Translation) -2019- Pub : Dhauli Books, Bhubaneswar

In Hindi :

୧୫. Swarodaya (Tr. Rajendra Prasad Mishra) - 2016- Pub : Sahitya Akademi, New Delhi

ପ୍ରାମାଣିକ ସମ୍ପାଦନା :

୧୬. ରାସପଞ୍ଚାଧ୍ୟାୟୀ (ଡଃ. କୃଷ୍ଣ ଚରଣ ସାହୁଙ୍କ ସହ) -୧୯୭୯, ପ୍ର : ବୁକ୍‌ସ ଆଣ୍ଡ ବୁକ୍‌ସ, କଟକ

୧୭. ଜଗନ୍ନାଥ ଦାସଙ୍କ ରଚନାବଳୀ (ଡଃ. କୁଞ୍ଜ ବିହାରୀ ମହାନ୍ତିଙ୍କ ସହ) - ୨୦୦୦, ପ୍ର : ଓଡ଼ିଶା ସାହିତ୍ୟ ଏକାଡେମୀ, ଭୁବନେଶ୍ୱର

୧୮. ଜଗନ୍ନାଥ ଦାସଙ୍କ ଭାଗବତ : ଦଶମ ସ୍କନ୍ଧ (ଗୋପଲୀଳା)-୨୦୦୧, ପ୍ର: ଆର୍ଯ୍ୟ ପ୍ରକାଶନ, କଟକ

୧୯. ଗୋପଲୀଳା : ପ୍ରମାଣିକ ସମ୍ପାଦନା - ୨୦୧୯, ପ୍ର: ଆର୍ଯ୍ୟ ପ୍ରକାଶନ, କଟକ

୨୦. ଗଳ୍ପ : ଆଜି ଓ କାଲିର - ୧୯୭୬, ପ୍ର: ବିଦ୍ୟାମନ୍ଦିର, କଟକ

୨୧. ସେ ଯୁଗ ଓ ଯୁଗର କାହାଣୀ - ୧୯୮୪, ପ୍ର: ଜଗନ୍ନାଥ ରଥ, କଟକ

୨୨. ପଦ ମଞ୍ଜରୀ (ଡ. ଗିରୀଶ ଚନ୍ଦ୍ର ମିଶ୍ରଙ୍କ ସହ)- ୨୦୦୦, ପ୍ର: ଓଡ଼ିଶା ରାଜ୍ୟ ପାଠ୍ୟପୁସ୍ତକ ପ୍ରଣୟନ ଓ ପ୍ରକାଶନ ସଂସ୍ଥା, ଭୁବନେଶ୍ୱର

ପୁରସ୍କାର ଓ ସମ୍ମାନ :

୧. ବର୍ଷର ଶ୍ରେଷ୍ଠ କବି- ୧୯୮୯, ଶନିବାର ସାହିତ୍ୟ ସନ୍ଧ୍ୟା ସଂସଦ, ପୁରୀ

୨. ଓଡ଼ିଶା ସାହିତ୍ୟ ଏକାଡେମୀ ପୁରସ୍କାର -୧୯୯୧ ('ଶବରୀ ଚର୍ଯା' କବିତା ସଂକଳନ ନିମନ୍ତେ)

୩. ହୃଦବାକ୍ୟ ସମ୍ମାନ - ୧୯୯୪, ନୟାଗଡ଼
୪. ଅତିବଡ଼ୀ ଜଗନ୍ନାଥ ଦାସ ସମ୍ମାନ - ୧୯୯୭, ଶ୍ରୀକ୍ଷେତ୍ର ଲେଖକ ସାମ୍ମୁଖ୍ୟ, ପୁରୀ
୫. ବାଗ୍‌ମୟୀ ସମ୍ମାନ - ୧୯୯୯, ନାଟୁଆ, ନିମାପଡ଼ା
୬. କୋଣାର୍କ ସାହିତ୍ୟ ଉତ୍ସବ ସମ୍ମାନ - ୨୦୦୨, କୋଣାର୍କ
୭. କେନ୍ଦ୍ର ସାହିତ୍ୟ ଏକାଡେମୀ ପୁରସ୍କାର - ୨୦୦୬ ('ସ୍ୱରୋଦୟ' କବିତା ସଂକଳନ ନିମନ୍ତେ)
୮. କବି ରତ୍ନାକର ସମ୍ମାନ - ୨୦୦୮, ସୁଲେଖା ସାହିତ୍ୟ ସଂସ୍କୃତି ପରିଷଦ, ପୁରୀ
୯. ପଣ୍ଡିତ ଗୋଦାବରୀଶ ସମ୍ମାନ - ୨୦୦୮, ଗୋଦାବରୀଶ ସାହିତ୍ୟ ସଂସଦ, ଭୁବନେଶ୍ୱର
୧୦. ବ୍ରହ୍ମୋତ୍ରୀ ମହାନ୍ତି ସ୍ମୃତି ସମ୍ମାନ - ୨୦୧୩, ବ୍ରହ୍ମୋତ୍ରୀ-ବିଜୟକୃଷ୍ଣ ସ୍ମୃତି ସଂସଦ,ପୁରୀ
୧୧. ସାରସ୍ୱତ ସମ୍ମାନ - ୨୦୧୫, ଓଡ଼ିଆ ସାହିତ୍ୟ ଓ ସଂସ୍କୃତି ପରିଷଦ, ପୁରୀ
୧୨. ଯଦୁନାଥ କବିତା ସମ୍ମାନ - ୨୦୧୭, ଯଦୁନାଥ ଦାଶ ମହାପାତ୍ର ଫାଉଣ୍ଡେସନ, ଭୁବନେଶ୍ୱର
୧୩. ଝଙ୍କାର କବିତା ପୁରସ୍କାର - ୨୦୧୭, ପ୍ରଜାତନ୍ତ୍ର ପଚାର ସମିତି, କଟକ

- ଇନ୍ଦ୍ରଧନୁର ଅଷ୍ଟମ ରଙ୍ଗ : (ବଂଶୀଧର ଷଡ଼ଙ୍ଗୀଙ୍କ କବିତା ସମ୍ପର୍କରେ ଆଲୋଚନା)
  ସମ୍ପାଦନା : ପ୍ରାଧ୍ୟାପକ ମନମୋହନ ଦାଶ, ଅଧ୍ୟାପକ ହରେକୃଷ୍ଣ ଦାସ, ଅଧ୍ୟାପିକା ଈପ୍‌ସିତା ଷଡ଼ଙ୍ଗୀ-୨୦୧୯, ପ୍ର: ଲେଖାଲେଖି, ଭୁବନେଶ୍ୱର